CW01084271

Elaine Hodgson

LÍNGUAS ADICIONAIS na escola: aprendizagens colaborativas em INGLÊS

Margarete Schlatter
Pedro de Moraes Garcez

edelbra

Coordenação: GIPE – Projetos Educativos (Ana Mariza Filipouski e Diana Marchi)

Ilustrações: Eloar Guazzelli
Projeto Gráfico: Nubia Huff
Revisão: Lia Schulz e Renato Deitos

1ª edição, 1ª impressão

S338l Schlatter, Margarete
Línguas adicionais na escola: aprendizagens colaborativas em Inglês / Margarete Schlatter e Pedro de Moraes Garcez ; ilustrações de Eloar Guazzelli. – Erechim: Edelbra, 2012.
176 p. : il. ; 21 x 28 cm. – (Entre Nós – Anos finais do ensino fundamental, v.7).

Inclui bibliografia.
ISBN 978-85-360-1118-9

1. Inglês – Ensino fundamental – Anos finais. 2. Ensino Fundamental – Orientação pedagógica. I. Garcez, Pedro de Moraes. II. Guazzelli, Eloar, ilustrador. III. Título. IV. Série.

CDU 372.88

Catalogação na fonte: Paula Pêgas de Lima CRB 10/1229

Edelbra

www.edelbra.com.br
Central de Atendimento: 54 3520 5030 | cae@edelbra.com.br

LÍNGUAS ADICIONAIS na escola:
aprendizagens colaborativas em INGLÊS

Margarete Schlatter
Pedro de Moraes Garcez

edelbra

Margarete Schlatter

Professora de estágio de docência em inglês como língua adicional e coordenadora do Programa de Português para Estrangeiros na Universidade Federal do Rio Grande do Sul. Coordenou a Comissão Técnica do Exame de Proficiência em Língua Portuguesa para Estrangeiros Celpe-Bras e é uma das autoras da proposta curricular de Língua Estrangeira Moderna/Espanhol e Inglês dos Referenciais Curriculares do Estado do Rio Grande do Sul. Orienta alunos de mestrado e doutorado em Linguística Aplicada e lidera o Grupo de Pesquisa Português/Língua Adicional, especializado em prática de ensino, avaliação de proficiência e materiais didáticos para a aprendizagem de línguas adicionais. Atua na formação inicial e continuada de educadores da linguagem do Brasil e de países da América Latina e da África.

Pedro de Moraes Garcez

Professor de Linguística e Ensino da Universidade Federal do Rio Grande do Sul e pesquisador do CNPq. Fez mestrado em Inglês e Literatura Correspondente na Universidade Federal de Santa Catarina e doutorou-se em Educação, Cultura e Sociedade pela Universidade da Pensilvânia, instituições onde atuou também como professor de inglês e português como línguas adicionais. Orienta alunos de mestrado e doutorado em Linguística Aplicada e lidera o Grupo de Pesquisa ISE – Interação Social e Etnografia, dedicado ao estudo da conversa, da interação e da produção de conhecimento. É um dos autores da proposta curricular de Língua Estrangeira Moderna/Espanhol e Inglês dos Referenciais Curriculares do Estado do Rio Grande do Sul. Atua na formação inicial e continuada de educadores da linguagem do Brasil e de países da América Latina e da África.

SUMÁRIO

Ensino Fundamental | **Anos Finais**

A coleção Entre Nós

Entre Nós é uma coleção que se propõe a realizar uma empreitada ambiciosa: quer falar diretamente aos professores do ensino fundamental, em especial àqueles que, da sala de aula, procuram dar conta da tarefa de conduzir processos e criar oportunidades de aprendizados significativos para seus alunos. Com uma linguagem não acadêmica, o objetivo da coleção é trazer para a escola algumas questões teórico-metodológicas que estão sendo discutidas na academia, de modo que possam ser utilizadas como ferramentas no dia a dia, aliando teoria e prática.

Os livros que a constituem decorrem, então, de exercício de aproximação entre professores que atuam na universidade com os olhos postos na prática educativa, orientando a construção de conhecimentos que são produzidos pelos estudantes da educação básica. Nesse contexto, autores e coordenação constituíram um "nós" desafiante e inovador, formado por representantes de diferentes áreas do conhecimento. Fomos movidos pela compreensão de que a atividade docente se torna, cada vez mais, uma ação especializada, capaz de promover aprendizagens e apropriação de saberes por outros que, vivendo num mundo complexo, precisam ser competentes para dar sentido aos fatos em cada situação concreta.

Por isso, a intenção interdisciplinar foi eleita como critério de composição e opção teórico-metodológica, estabelecendo outros "nós", representados pelas relações entre os diferentes componentes curriculares. Com a mesma diversidade que caracteriza a escola real, os livros concretizam diferentes concepções de interdisciplinaridade e produzem reflexões e práticas que, em alguns casos, realizam este exercício ao seu limite, considerando o estreitamento de laços entre as disciplinas para compreender objetos de conhecimento a partir de olhares multifacetados, e, em outros casos, remetem uma compreensão ainda marcadamente disciplinar a possíveis parcerias que insinuam o desejo de se tornarem interdisciplinares, confirmando, assim, uma tendência da educação contemporânea.

Ao realizarmos este esforço, miramos a construção de outro "nós", aquele que nos coloca em interlocução com os professores dos anos finais do ensino fundamental, destinatários especiais desta coleção, com o desafio de, entre nós, sermos todos capazes de promover uma educação de mais qualidade e de preparar os estudantes brasileiros para viverem plenamente o nosso tempo.

Ana Mariza Filipouski
Diana Maria Marchi

capítulo 1

EDUCAÇÃO PARA A VIDA: O QUE A **ESCOLA** TEM A VER COM ISSO?

Neste mundo em que a dispersão organiza a vida das pessoas, como construir contextos colaborativos de aprendizagem?

A escola pode tornar-se um palco privilegiado para a integração de conhecimentos com vistas a compreender o mundo, participar e nele intervir criativamente?

Este capítulo relata a constituição do grupo de autores da coleção e reflete sobre o sentido da escola contemporânea. Propõe um ensino organizado por eixos temáticos e a experimentação de projetos interdisciplinares como possibilidades de construir conhecimentos que façam sentido para alunos e professores. Dá destaque à educação por competências e apresenta os eixos temáticos **Ambiente** e **Identidades**, orientadores dos livros de todos os componentes curriculares do ensino fundamental (6º ao 9º anos) desta coleção.

OBJETIVO: CONTAR A HISTÓRIA DA CONSTITUIÇÃO DO GRUPO E BUSCAR RESPOSTAS INTERDISCIPLINARES, CRÍTICAS E CRIATIVAS PARA A CONSTRUÇÃO DE APRENDIZAGENS QUE FAÇAM SENTIDO PARA ALUNOS E PROFESSORES, APRESENTANDO TAREFAS DA ESCOLA NA CONTEMPORANEIDADE.

>> **Para que serve** a escola hoje?

>> Educar pelo desenvolvimento de **eixos temáticos**;

>> Interdisciplinaridade, **construção de conhecimentos e escola**;

>> Como fazer?

>> Abordagem por competências e os eixos temáticos **ambiente** e **identidades**;

>> O projeto de execução do **livro de Línguas Adicionais**.

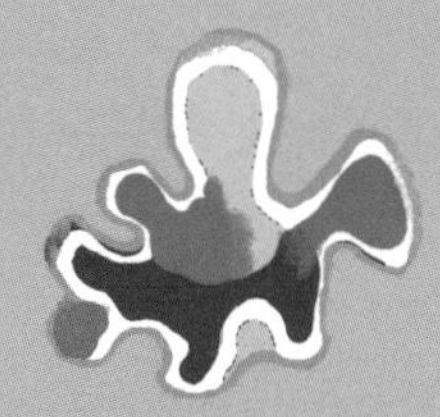

Era uma vez *um grupo de professores de diferentes áreas, com várias experiências de ensino, dedicados à formação de professores, envolvidos com suas atribuições de pais e mães, alguns também de avós, e com as múltiplas tarefas cotidianas para dar conta de conjugar vida pessoal e profissional. Ensinavam em escolas públicas e privadas e em instituições acadêmicas, estudavam muito, circulavam pelas escolas para conhecer e compartilhar outras maneiras de fazer ensinar e aprender, e refletiam sobre a educação escolar...*

Se é um direito de todo cidadão ter acesso à educação de qualidade, como garantir isso para todos? O que é educação de qualidade considerando tantos contextos diferentes? O que significa hoje ser um cidadão? Se o mundo em que vivemos tem múltiplas fontes de informação que divertem e até educam, qual é a função da escola? Que responsabilidade assumimos hoje ao escolhermos ser professores? Como fazer para que a educação escolar seja relevante e possa contribuir na busca diária pela cidadania?

Perguntas tão complexas e profundas como essas são frequentes para quem quer refletir sobre educação. Resolvemos nos reunir e conversar sobre elas. Discutimos sobre a função da educação escolar, a formação de cada um de nós, as demandas do mundo contemporâneo, sobre possibilidades para lidar com essas demandas. Aos poucos, o compromisso se impôs aos receios, e, mesmo com tantos participantes e todos tão diferentes, assumimos um trabalho conjunto, para produzir uma reflexão que fosse fruto de nossa própria vivência interdisciplinar.

Seguiram-se reuniões e discussões acaloradas, vozes permeadas pelas prioridades de cada área do conhecimento. Aos poucos, depois de muito ouvir, conhecer-se e insistir nos objetivos comuns – porque essa sempre foi a meta –, foi possível reunir as reflexões que apresentamos aqui para introduzir a coleção *Entre Nós*.

Neste primeiro capítulo, queremos contar como nos tornamos um grupo e convidar você para participar dessa conversa. Queremos também contar como trilhamos a trajetória que nos faz autores desta coleção, dizer de onde falamos e por que achamos importante conversar com professores. Como leitores sempre apressados, que todos hoje somos, a primeira pergunta que se impõe é: "O que esta publicação pode trazer sobre educação escolar que já não tenha sido discutido, escrito e repetido?" Respondemos focalizando três questões: nossa história construída em conjunto, o desafio que enfrentamos ao buscar respostas de maneira interdisciplinar, crítica e criativa, e o nosso compromisso coletivo de interagir com professores.

Começamos pela nossa história de trabalho em equipe. A parceria entre professores da mesma disciplina já acontecia – alguns conversando há mais tempo do que outros. Mas o que colocou muitos dos autores desta coleção frente a frente pela primeira vez foi o convite da Secretaria de Estado da Educação do Rio Grande do Sul, em 2008, para escrevermos referenciais curriculares para as diferentes áreas do conhecimento. Embora a perspectiva interdisciplinar fosse fundante para o desenvolvimento das competências transversais *ler, escrever e resolver problemas,* que compõem o cerne daquela proposta, as reuniões semanais priorizavam apresentar-se para o outro, explicando quais eram as especificidades que deveriam ser respeitadas em cada área. Em grupos menores, uns liam e comentavam as propostas pedagógicas dos outros componentes curriculares e, reunidos, outros escreviam um texto sobre pressupostos e orientações comuns.

Como os autores que participaram daquele trabalho já haviam construído uma argumentação e também colocado na prática um planejamento de aulas e de orientações para o professor, tínhamos pontos importantes em comum para realizar um novo trabalho, agora também com novos autores. Começamos, assim, a retomar, rediscutir e reafirmar alguns princípios básicos sobre a escola e a formação para a cidadania, sobre ensino e aprendizagem.

A ESCOLA E A FORMAÇÃO DO CIDADÃO

→ Ser cidadão significa participar e lidar com segurança com a complexidade do mundo para intervir nele criativamente – para isso, é necessário compreender as relações humanas como complexas, diversas, situadas e historicamente construídas;

→ educar é permitir que a aprendizagem sobre o mundo, sobre si mesmo e sobre o outro aconteça para que possamos agir de maneira situada, diversificada, criativa, crítica e atuante no nosso dia a dia;

→ a experiência escolar nos possibilita conhecer a nossa história e a complexidade do que existe hoje para poder participar do nosso mundo e saber que é possível nos posicionarmos e agirmos ante o imprevisível, porque na escola aprendemos a analisar, a refletir, a brigar, a ponderar, a negociar, respeitando o outro e com o outro;

→ para que um projeto educativo tenha êxito, é necessário o envolvimento de toda a comunidade escolar, cada um com suas funções e responsabilidades: professores, alunos, supervisores, diretores, funcionários, pais ou responsáveis.

APRENDIZAGEM

→ A aprendizagem acontece na interação com o outro e em vivências significativas com o conhecimento;

→ o conhecimento é socialmente construído, e sua construção não é linear, não é restrita a um único percurso, não garante um único resultado;

→ para construir aprendizagem, é necessário levar em conta o contexto e as características individuais, além de criar condições para investir na diversidade (e não na uniformidade), no protagonismo, na construção conjunta de conhecimentos (e não na repetição).

ENSINO

→ Criar condições para a aprendizagem é a base para desenvolver um vínculo com o conhecimento;

→ para ensinar e para aprender, é necessário ter parceiros com quem conversar, refletir, analisar, refutar, brigar, combinar;

→ para ensinar, é fundamental ter vivências constantes de aprendizagem, formação na área específica e confiança de que há algo a ensinar que seja relevante para a vida do educando e do conjunto da sociedade; portanto, é preciso estudar, planejar, preparar, tornar significativo;

→ é necessário, também, avaliar sistematicamente o processo, para poder redirecionar o que está sendo feito e criar novas oportunidades de aprendizagem.

Princípios como esses com certeza são compartilhados por professores que entendem como relevante a sua participação na vida dos alunos. Isso não quer dizer que se sintam livres para colocá-los em prática: há correria de uma turma para outra, em uma agenda de trabalho da qual é impossível dar conta (mas fundamental para se chegar ao final do mês); um sistema curricular separado em disciplinas com cargas horárias e tempos estanques; a trajetória escolar organizada por padrões fixos, como idade e nível de conhecimento dos alunos; modelos impostos por exames padronizados, um sistema de avaliação que prioriza a busca pela uniformidade e não o respeito pela diversidade. Todas essas são características que prontamente reconhecemos na nossa história e na realidade da maior parte das escolas.

Talvez seja esse o nosso primeiro embate pessoal: como contrariar essa história se, mesmo enxergando seus graves problemas, foi ela que nos fez chegar aqui? Não podemos, nem devemos, negá-la: somos sujeitos históricos e chegamos aonde estamos por termos vivido o que vivemos. Mas é importante compreendê-la, entender os diferentes valores de ontem e de hoje e, a partir daí, ver se desejamos mudanças e por quê. E novas incertezas nos fazem vacilar: vale a pena o esforço, se o que vislumbramos é o inatingível em lutas solitárias? Como fazer isso com o colega e não somente ao lado do colega? É essa vivência de construir em parceria que queremos relatar aqui: como foi, como decidimos em conjunto o que estamos propondo, que caminhos fomos tomando e o que fomos mudando ou deixamos de fora, e por quê.

O que propomos é inspirado nos fazeres escolares de professores e alunos que diariamente encontram meios e maneiras de conviver e trabalhar juntos, aprendendo e ensinando com empenho, nisso encontrando mais satisfação do que descontentamento. Nosso ponto de referência incorpora certo universo conceitual, mas não se limita a ele. É fundamental para os princípios defendidos aqui exceder o plano dos conceitos. O passo à frente é incorporar também os fazeres de professores e alunos que trabalham os conhecimentos curriculares movidos pelo interesse que esses conhecimentos podem despertar legitimamente na reflexão sobre questões da vida contemporânea e na resolução de problemas. São fazeres de alunos e professores que buscam, na comunidade em que vivem, a motivação e o apoio para tornar a sua participação relevante e possível. São fazeres de pessoas que compreendem que todos podem aprender e que, para isso, é necessário engajar-se nessa meta.

Estivemos também atentos às condições contemporâneas de convivência e trabalho conjunto entre os participantes dos encontros escolares, sobretudo na sala de aula. As tecnologias de informação e comunicação são hoje parte da realidade de quase todos, e precisamos aprender a incorporá-las como instrumentos educativos que nos aproximem das novas gerações, muitas vezes mais à vontade com elas do que nós mesmos. Também as relações em sala de aula estão mais distendidas, e os alunos nem sempre toleram a interlocução compassada do professor com o grupo todo na mesma atividade, como foi o padrão que muitos de nós vivenciamos quando estudantes. Isso tudo exige que novos e variados arranjos de participação sejam experimentados para que possamos engajar os estudantes nas tarefas pedagógicas que propomos, sem recorrer à coerção que suprime a crítica e a criatividade, provoca alienação e, não raro, desinteresse e agressividade.

Por outro lado, qualquer trabalho eficaz em grupo exige ordem, regulação e organização. Talvez um dos maiores desafios criativos para os educadores do nosso tempo seja encontrar um equilíbrio na nossa prática de modo tal que disciplina seja tão somente um componente necessário de certos modos de aprendizagem. Afinal, se

queremos formar cidadãos críticos, temos que acolher, praticar e desenvolver a participação criativa, crítica e atuante nas nossas próprias salas de aula como espaços de ação social democrática.

Para compreender as responsabilidades da escola em possibilitar a participação dos indivíduos na sociedade e na construção da vida democrática, é necessário começar refletindo sobre o que legitima a instituição escola. Numa perspectiva ampla, a educação garante que as novas gerações conheçam as conquistas sociais acumuladas pelo deslocamento histórico da humanidade. Essas conquistas envolvem, entre outras questões, valores, comportamentos, ideias, artefatos e instituições úteis à manutenção e ao aprimoramento das relações para a existência de grupos sociais organizados. Nesse sentido, a educação nos insere em práticas culturais, potencializando-nos para participar delas e construí-las. Várias instituições cercam o indivíduo, como a família, o grupo de convívio, a mídia, a comunidade, a igreja, entre outras, e têm a função conservadora de garantir o compartilhamento de conhecimentos e sentidos como requisitos básicos de sobrevivência de uma sociedade. A escola possui a tarefa específica de refletir sobre esses modos de compreender o mundo para que as novas gerações possam situar-se e tomar parte dele.

Além do compromisso de garantir essa continuidade, compete à escola esclarecer que, em certas circunstâncias, o educando estará reproduzindo o que já foi antes descoberto e conquistado. Assim, a educação escolar de qualidade permite inicialmente que o aluno se veja como apenas mais um no fluxo da humanidade para que, em seguida, ele possa recuperar sua identidade, reconfigurando-a como resultado de escolha informada e refletida. Isto quer dizer que, na escola, os educandos terão oportunidades para abordar a cultura do senso comum de forma criativa e reflexiva, tornando sua capacidade de interlocução mais informada e qualificada para participar do mundo tão amplamente quanto desejem. No conjunto, as próximas gerações estarão, assim, capacitadas a criar reflexões, tecnologias e soluções para os problemas humanos. Para isso, a escola precisa, antes de mais nada, conhecer as visões de mundo, os anseios e as curiosidades que os alunos e as turmas mobilizam nas suas condutas presentes. Por outro lado, deve dar acesso aos repertórios de conhecimento para que cada estudante tome consciência, ponha em perspectiva e dê novos contornos àquelas visões de mundo e posturas pouco informadas e, em larga medida, antes condicionadas somente às pressões imediatas das trocas sociais, em identidades apenas locais.

Para compreender a realidade, condição para a participação crítica, criativa e atuante na sociedade, é função da escola problematizar a superoferta de informações a que estamos expostos hoje e o contínuo convite à dispersão, oferecendo oportunidades para o alinhamento de atenções e esforços, bem como para a organização crítica dos argumentos em pauta. Por exemplo, para compreender o impacto de investimentos públicos em saneamento básico em nossa vida e na nossa comunidade, queremos compreender bem mais do que as palavras, os cálculos matemáticos, os componentes químicos ou a geografia local. Queremos também compreender quem é responsável, quem pode intervir, qual a relação do saneamento básico com a saúde, com a preservação do ambiente, com a estética da cidade, com o trabalho, com a permanência de alunos na escola. Em outras palavras, é compreender que o que se passa no mundo está cruzado por valores, responsabilidades, pontos de vista, interesses pessoais e institucionais e que, na escola, podemos examinar o que nos parece ser a regra para questionar, experimentar, escolher, rejeitar, negociar de maneira informada.

A escola pode e deve fazer pelo educando o que talvez nenhuma outra instituição possa fazer por ele, que é apresentá-lo aos modos de, mesmo que provisoriamente, representar e compreender o mundo. É preciso ter em conta que, ao longo da história, a humanidade foi desenvolvendo formas de convívio social consideradas mais adequadas justamente por permitirem a participação e a influência dos cidadãos na tomada de decisão política sobre questões que dizem respeito à coletividade. Portanto, são modos de criar, criticar e agir em conjunto que merecem ser estimulados e compreendidos, até mesmo para questionar a sua pertinência em novos tempos. A escola, então, afirma-se como um ambiente de contínua reconstrução de experiências, orientadas para privilegiar o acolhimento à diversidade, o compartilhamento, a colaboração e também a crítica, a comparação, a criação e a iniciativa. Legitima-se, assim, em sua função social, cuja razão de ser está além dos seus muros e só se justifica quando analisada em relação com o contexto em que está inserida.

Buscando discutir como isso pode ser colocado em prática, nosso grupo se propôs a viver coletivamente uma tomada de decisões sobre maneiras de tratar de dois eixos temáticos sistematicamente citados em documentos que estabelecem diretrizes educacionais (Parâmetros Curriculares Nacionais, Referenciais Curriculares de diferentes estados, dentre outros): **Ambiente** e **Identidades**. Começamos pela elaboração de dois mapas conceituais, um para cada eixo temático escolhido. Levantamos conceitos, características, fatos, problemas e o que consideramos diferentes dimensões de responsabilidade da escola: sensibilização, compreensão, responsabilização e intervenção, conforme representado na figura abaixo.

Sensibilização
Fruir, observar, pesquisar, registrar o que acontece no mundo em relação ao tema

Intervenção
Agentes e possibilidades de ação

Compreensão
Características, conceitos, transformações, regulamentação e responsabilidades em diferentes contextos

Responsabilização
Como se dá a relação indivíduo/sociedade com o tema proposto

Os dois mapas conceituais resultantes estão disponíveis no final do capítulo, mais como ilustração de um modo de compreender esses dois campos de problematização da vida contemporânea do que como modelos para sua compreensão. Os mapas foram uma tentativa de, a um só tempo, visualizar o entendimento que cada um tinha dos eixos temáticos selecionados e aprofundar essa compreensão, que passaria a ser de todos. Foram também o modo como nos propusemos a estabelecer pontos de partida para as propostas curriculares a serem feitas nos diferentes volumes da coleção.

O processo de composição dos mapas foi desafiador e divertido. O primeiro passo foi simplesmente trocar mensagens eletrônicas nas quais tratávamos de tentar definir **Ambiente** e **Identidades**, no que toca à relação que esses eixos de problematização têm com a educação escolar, ou de levantar, nesses dois âmbitos, problemas que nos parecessem relevantes à educação escolar, pensando inicialmente a partir da nossa experiência, afinal, disciplinar. Por exemplo, em relação ao eixo temático **Ambiente**, poderíamos perguntar:

COMO NOSSA VIDA PODERIA SER MELHOR SE A **ESCOLA** TRATASSE DISSO?

Quais foram/são/poderão ser os problemas ambientais?
Quais são os impactos sociais desses problemas?

Como entendemos o ambiente hoje?
O que o componente curricular de Ciências/Português e Literatura/Educação Física/Inglês/História/Artes/Geografia/Matemática tem a ver com isso?

Quem causa esses problemas?
Quem é responsável pela sua manutenção/resolução?

O que pode/deve ser feito por diferentes agentes?

Uma vez lançados os diferentes conceitos e questionamentos no grupo de discussão que assim se formou, dois colegas encarregaram-se de juntar e sistematizar as contribuições num diagrama ou mapa que tornasse os pontos de ligação evidentes e desse aos aspectos levantados uma coesão cujo ponto de incidência fosse a função da escola. Os mapas foram, então, discutidos pelo grupo em reunião: é isso mesmo? Não temos questões demais? Como enxugar? Quais são as questões mais diretamente relevantes para o trabalho significativo de professores e alunos na escola? Para quais questões os diferentes componentes curriculares, tal como representados pelos membros do grupo, têm o que dizer e com que identificação ou vínculo?

Ao longo dessa discussão permanecemos, evidentemente, assaltados por incertezas e cientes de que não estávamos abarcando tudo, nem estávamos completamente afinados, e que isso em si revelava nossa vivência do árduo trabalho de acolhimento da diversidade. Fomos, contudo, muitas vezes premiados pela satisfação que temos ao avançar e aprender com os outros. Apresentamos, mais adiante, neste capítulo, nossa perspectiva sobre a complexidade de um dos eixos temáticos selecionados para refletir com você sobre o que aprendemos e o que entendemos como conhecimentos que são compromisso da escola tratar.

Nesse processo, ficou claro que não se consegue responder às perguntas formuladas sem uma visão global e abrangente dos problemas, que envolvem conhecimentos de várias disciplinas de maneira integrada. A apresentação de conhecimentos curriculares desintegrados entre si e desvinculados de situações concretas não raro nos coloca diante de questionamentos legítimos dos alunos a respeito da utilidade da escola. Alcançamos, assim, um entendimento conjunto de que vale a pena o esforço para superarmos a educação enciclopédica, separada em disciplinas que acumulam informações, para nos pautarmos por uma abordagem interdisciplinar que produz e mobiliza conhecimentos e competências em torno de questões e problemas situados e da busca de soluções apropriadas.

Estudos interdisciplinares e novos modos de trabalho cooperativo baseados na investigação questionam e, até mesmo, pressionam e forçam os limites tradicionalmente impostos pelas disciplinas escolares, acenando com alternativas para que a escola possa enfrentar os desafios da atualidade. As múltiplas informações com as quais temos que lidar no nosso cotidiano e a complexidade dos problemas que precisamos enfrentar não são mais compreendidas pela análise de suas partes, mas por meio de olhares multidimensionais e relacionais, entendendo-se que, para conhecer o todo, tão ou mais importante do que conhecer as partes é conhecer a relação entre elas. A interdisciplinaridade, considerada como uma estrutura de aprendizagem, pressupõe um ensino para a compreensão, baseada no estabelecimento de relações que favoreçam o desenvolvimento da capacidade de compreender a informação em termos de conceitos e ideias, propondo novas perguntas.

Conforme explicitaremos nos próximos capítulos de cada volume da coleção, entendemos que a opção por propostas que integram conhecimentos de diferentes componentes curriculares pode promover as condições necessárias para aprendizagens significativas. Discutir determinada temática sob o ponto de vista das diferentes áreas do conhecimento, fazer convergir conhecimentos de diversas disciplinas para a resolução de um problema da vida prática ou de uma questão relevante para o grupo de alunos, reunir informações com vistas a compreender determinados conceitos, períodos históricos e espaços geográficos podem ser algumas das maneiras de organizar

um currículo integrado. Para que isso aconteça, não é necessário que todas as áreas estejam igualmente envolvidas, mas que atitudes e procedimentos sejam valorizados como competências capazes de fazer convergir múltiplos pontos de vista em prol da construção de conhecimentos significativos, que capacitem a responder, da melhor maneira possível, aos problemas colocados pela realidade. No nosso caso, por exemplo, assumir uma **atitude interdisciplinar** abriu o caminho para diferentes buscas de parcerias.

Atitudes Interdisciplinares

Todos os professores: na elaboração dos mapas conceituais e na seleção de texto de interesse comum (*Ilha das Flores*), para tratar do eixo temático **Ambiente**, como discutido mais adiante.

Grupos de professores: na seleção do tema específico e de textos comuns a serem tratados: ver, por exemplo, no eixo **Identidades**, a seleção de **Futebol** como foco temático de Educação Física, Línguas Adicionais/Inglês e Língua Portuguesa e Literatura, ou no esforço de compatibilizar diferentes linguagens em torno do mesmo tema em Artes.

Duplas de professores: a partir da problematização levantada em uma área, (propostas de) busca de parceiros de outro componente curricular para atuação conjunta numa determinada questão. Em cada um dos volumes da coleção, você vai encontrar sugestões nesse sentido. Por exemplo, as referências à questão da escrita e da leitura de textos ligados à memória em História e Língua Portuguesa e Literatura.

Professores e parceiros fora da escola: conversas com familiares, colegas, amigos e profissionais de outras áreas para discutir, ter ideias e buscar soluções.

Em cada contexto diferente, as soluções serão conquistadas pelos próprios participantes, levando em conta o que conhecem de seus parceiros de trabalho.

Projetos curriculares integrados envolvem planejamento conjunto, participação ativa e compartilhada entre professores e alunos, bem como aspectos da realidade cotidiana de ambos. Dessa forma, todos são corresponsáveis pelo desenvolvimento do trabalho e, principalmente, vislumbram a possibilidade de cada um expor sua singularidade e encontrar um lugar para participar da aprendizagem.

A proposta de organização de saberes, que apresentaremos em detalhe nos próximos capítulos, vai se construindo como uma rede, mobilizando os alunos para as temáticas com as quais se preocupam e apresentando as informações, ferramentas e modos de convívio que eles precisam aprender para compreender o seu papel na sociedade e participar dela de maneira mais informada, criativa e autoral, o que legitima a função social da escola. Possibilita também a validação do conhecimento aprendido, podendo resultar em melhor decisão para a qualidade de vida na sociedade e em reconhecimento da cidadania dos sujeitos, pela capacidade de se inserir no pensamento coletivo para o compartilhamento de espaços e serviços comuns. Incluir o aluno na análise e na decisão de questões que lhe dizem respeito é fundamental, pois contribui para o desenvolvimento consciente de sua situação de aprendiz.

Novamente, é necessário admitir que a organização curricular em vigor na grande maioria das escolas não possibilita hoje a plena integração entre os componentes curriculares, nem prevê o espaço e o tempo para discussões pedagógicas amplas e aprofundadas para viabilizar a reflexão conjunta. Estamos, muitas vezes, incomodados pelas urgências administrativas, desmotivados pela falta de interesse de alunos e colegas, pelas disputas com outras disciplinas por aumento de carga horária, por vezes movidos por um pressuposto individualista de que o "nosso conhecimento" tem mais valor do que o dos demais para a vida do educando.

Como já dissemos, entendemos que, se não forem colocados em prática com objetivos específicos relevantes, situados e decididos em conjunto, os conhecimentos vistos separadamente e abstratamente pouco conseguem envolver o aluno na aprendizagem. Isso não significa que o conhecimento específico de cada componente curricular tenha menos valor; ao contrário, significa que precisamos pensar em alternativas coletivas. Não há mudanças possíveis para melhorar o que não consideramos satisfatório se não nos debruçarmos sobre o problema, o que certamente envolve questões tanto administrativas quanto pedagógicas: estudo e reelaboração do currículo, planejamento da grade de horários da escola, previsão de reuniões sistemáticas de trabalho conjunto para planejamento e execução dos projetos pedagógicos, discussões interdisciplinares, análise e adequação do sistema de avaliação, esclarecimentos para a comunidade escolar, dentre outros.

Achamos importante chamar a atenção para o valor que têm as iniciativas cotidianas de professores e de outros agentes da escola para a conquista de mudanças na direção desejada. Podemos citar algumas:

O registro pelo professor de uma discussão e um questionamento que foi especialmente empolgante para os alunos numa aula em que ela não fora prevista ou para a qual era tangencial, e a posterior partilha disso com os colegas numa reunião de planejamento.

O relato de um sucesso ou de uma dificuldade para o colega na sala de professores, entre professores que levam essa memória narrada para casa e a transformam num futuro projeto.

A amizade entre dois ou três colegas que, entre outras coisas, partilham o valor da vida profissional e começam a contar coisas uns aos outros numa saída à noite ou por meio do computador, num cafezinho ou num almoço "ali na esquina", ou na hora do sanduíche, entre um turno e outro.

O eventual desenvolvimento desses encontros, que pode se transformar em trabalho conjunto, com reuniões rápidas e dedicação do tempo de trabalho em casa a algo convergente, e não ao massacre do trabalho individual ou até individualista.

A manutenção de uma caixa ou arquivo, na sala de professores, onde se depositam textos interessantes ou propostas pedagógicas incipientes, embriões de futuras propostas curriculares mais estruturadas, ou a manutenção de um *blog*, de um grupo de discussão a distância para armazenamento de problemas e soluções, de relatos e registros.

Em todas as alternativas enumeradas, destaca-se a presença do professor que investe profissional e afetivamente nos alunos e acaba reunindo informações em conversas rápidas durante as aulas ou em conversas de corredor, nas reuniões de projetos especiais ou na aula de reforço. Destaca-se também sua capacidade de mobilizar colegas para atender aos interesses assim descobertos ou para atender às necessidades dos alunos que tenham compartilhado suas angústias. Buscam-se soluções democráticas e compartilhadas para os problemas mais simples: como aproveitar melhor os equipamentos escolares? Como conseguir financiamento para projetos, festivais, festas? Como ampliar e manter a área física? Como aproveitar os horários livres e proporcionar lazer à comunidade, educando para a convivência na escola? O que fazer para conhecer melhor a comunidade?

Enfim, a reflexão pode dar organicidade a isso tudo, desde que seja possível ter constância na vontade de construir um projeto escolar.

É evidente que não bastam vontades e resoluções apenas ocasionais, expostas ao sabor de um cotidiano sabidamente dispersante. Ainda assim, nem sempre serão institucionais e grandiloquentes as ações necessárias para colocar em prática um projeto refletido, fruto de objetivos comuns de um grupo que pode até começar pequeno. Muitas dessas ações estão entranhadas nas atitudes cotidianas e, ancoradas na clareza do que se quer, podem ser muito valiosas e transformadoras.

Na caminhada da construção conjunta dos autores desta coleção, consideramos frutífero construir um dos eixos temáticos (Ambiente) a partir de alguns pontos de referência comuns para o trabalho de todos. Para isso, selecionamos um foco temático, Saneamento Básico, e um texto que consideramos de interesse geral da escola para servir como elo entre os projetos interdisciplinares. Não se trata de exigir que todos invistam nesse texto na mesma medida, mas apenas tê-lo pelo menos como lembrança do que todos os educadores no grupo valorizam em comum. A sugestão e a escolha do filme de curta-metragem *Ilha das Flores* deram-se primeiramente por se tratar de um texto já clássico, que por si só já enriquece o repertório de leitura de qualquer cidadão. Considerado um dos cem melhores curtas-metragens de todos os tempos, tendo recebido inúmeros prêmios, *Ilha das Flores* tem linguagem inovadora para a época, comparável ao hoje corriqueiro hipertexto. Apesar de já estar há mais de duas décadas em circulação, segue bastante atual ao abordar temas e definir termos tanto no universo de identidade (humano, família, japonês, católico, judeu) quanto de saneamento (lixo, consumo, dinheiro), e por isso mesmo tem grande e fácil circulação. Seus breves doze minutos e o roteiro estão disponíveis na internet, e sua exibição para leitura e debate conjuntos é factível nos tempos e espaços escolares de praxe.

Ainda assim, o filme é repleto de referências e relações complexas. A leitura plena de *Ilha das Flores* é exigente e deflagra inúmeras possibilidades de aprendizagem significativas. São imagens e palavras que se valem de remissões artísticas, lógicas, históricas, sociais e técnico-científicas para fazer asserções aparentemente singelas, inusitadas e mesmo cômicas, que proporcionam abertura para tratamento de questões relevantes e demandam conjuntamente os conteúdos tradicionais dos diversos componentes curriculares. Também suscita controvérsias importantes, a começar pela natureza da obra como filme de ficção ou documentário, mas também com relação às diversas definições, como a de família, por exemplo. Desdobram-se daí ilimitadas possibilidades de foco sobre outros textos, em outros gêneros, tempos, ritmos e teores.

Sério e divertido, clássico e atual, simples e complexo, *Ilha das Flores* é, portanto, um texto de qualidade que proporciona inúmeras conexões com diversos saberes em todas as áreas do conhecimento escolar. Pareceu-nos um foco de atenção conjunta válido e conveniente, um texto que requer educação escolar de qualidade para que possa ser lido proveitosamente, isto é, plena e criticamente, como item de repertório do cidadão brasileiro contemporâneo. Configura assim um objetivo educacional legítimo, coerente com a nossa premissa de que a escola precisa ensinar o que o mundo sozinho não ensina.

Tendo decidido sobre os eixos temáticos (**Ambiente** e **Identidades**), tendo projetado, em conjunto, mapas conceituais para pensar em possíveis tópicos a serem tratados pela escola sobre esses temas, e após ter escolhido um foco temático e um texto de interesse geral para o eixo **Ambiente**, nos voltamos para a formação específica de cada componente curricular: quais conhecimentos são fundamentais (e em que profundidade) para que o educando possa compreender a questão em foco e agir em relação a ela? Quais são as competências necessárias para lidar com a questão e quais os conhecimentos específicos da área que serão mobilizados?

Em relação à questão do Saneamento Básico, por exemplo, pensamos que seria responsabilidade da escola tratar de questões como:

De que modo o acesso à coleta e ao tratamento de resíduos líquidos e sólidos afeta a população brasileira e, mais especificamente, a nossa comunidade?

Quais as consequências que a falta de coleta e de tratamento de esgoto e de lixo têm para a saúde, para a estética e para o desenvolvimento do País?

Como entender a relação entre o que acontece na nossa vida e os conhecimentos necessários para sua compreensão se essas questões não são problematizadas? Se não refletirmos sobre o que aflige o mundo e sobre as soluções já encontradas por outros em seu tempo e em seu espaço, como podemos compreender a complexidade do mundo de hoje para participar e agir sobre ele de maneira mais confiante, responsável e criativa, crítica e atuante? É fundamental entender, seguindo o nosso exemplo, as implicações do acesso restrito da população brasileira à rede de coleta de esgoto e lixo, e como diferentes conhecimentos e olhares sobre essa realidade podem esclarecer o próprio problema, a responsabilidade social de diferentes agentes e as possibilidades de mudança.

Na vida escolar, entretanto, não bastam diretrizes para que habilidades e competências sejam construídas por alunos, pois são de vital importância modificações na prática cotidiana dos educadores que estão todos os dias nas salas de aulas. Competência é entendida como capacidade que, a partir de diferentes experiências com o outro, possibilita ao sujeito agir de acordo com as situações que aparecem cotidianamente em sua vida. Na escola, o desenvolvimento de competências exige aprendizagens colaborativas que possibilitem ao educando aprender a fazer com o outro, aprender a conhecer e a articular conhecimentos, e aprender a ser protagonista de decisões e ações, tomando como referência valores estéticos, políticos e éticos para a convivência social.

Nessa perspectiva, torna-se fundamental repensar a relação dos professores com o saber, em sua maneira de mediar o processo. A abordagem por competência tem o aluno como protagonista do ensino e da aprendizagem, sendo necessário construir pedagogias diferenciadas, nas quais o papel dos professores decorra da consideração dos conhecimentos como recursos a serem mobilizados para problematizar situações do mundo.

Nos próximos capítulos, convidamos você a refletir conosco sobre como podemos:

→ desenhar uma progressão curricular que leve em conta o caráter sempre provisório do saber construído e o reconhecimento de flexibilidade organizativa, promovendo inter-relações entre diferentes componentes curriculares;

→ elencar competências específicas dos componentes curriculares, integrando-as para a resolução de problemas;

→ construir planos de ensino, considerando a diversidade do contexto de sala de aula em termos de conhecimentos prévios e dos participantes;

→ praticar uma avaliação que possibilite vários e variados momentos de reflexão sobre o que foi feito, o que foi aprendido e como podemos promover novas oportunidades de aprendizagem.

Antes disso, no entanto, é necessário retomar aqui a interlocução que projetamos. Conforme já dissemos, queremos convidá-lo a participar de uma discussão em andamento, um debate empreendido neste grupo de autores e que estamos buscando ampliar. Entendemos que a dedicação à área de conhecimento fundamenta o poder argumentativo na relação entre os participantes dos fazeres e saberes da sala de aula. Nessa relação pedagógica, a meta é reconhecer que todos os participantes trazem diferentes vivências para a escola e todos têm igual capacidade para aprender. A partir desse reconhecimento, garantir oportunidades de aprendizagem é o que nos torna comprometidos com o mundo em que vivemos. Na busca pela qualificação dos nossos argumentos e, portanto, do nosso fazer ensinar e aprender, projetamos nossos interlocutores como profissionais da educação que, como nós, realizam-se na busca continuada pelo conhecimento na sua relação com a vida cotidiana, pelo diálogo e pela aprendizagem.

Esta coleção é um convite para o debate, a formação de parcerias e engajamentos em projetos colaborativos de aprendizagem. É também um convite para, entre nós, refletirmos sobre a nossa responsabilidade profissional de assumir a escola como um lugar em que podemos construir e defender novos olhares sobre o nosso próprio mundo. Essa perspectiva exige, no entanto, problematizar as antigas práticas e inventar novas maneiras de viver a escola. No que nos toca, acreditamos que resgatar e fortalecer o vínculo entre a educação e a vida exige de nós, educadores contemporâneos, uma postura de assumir responsabilidades, e não de transferir responsabilidades para as futuras gerações. Assim, queremos nos ocupar de entender o espaço e o tempo que nos toca viver para introduzir os jovens neste mundo em constante mudança e repleto de desafios que exigirão deles condutas críticas, criativas e atuantes. Esperamos também sensibilizar os alunos a construírem, além do vínculo social que já têm com a escola, um forte vínculo com o conhecimento.

Nos próximos capítulos, continuamos a conversa com os colegas de cada componente curricular para explicitar o que é específico da área, levantando possíveis relações com os outros saberes, com vistas a realizar um trabalho integrado. No cotidiano da escola, isso pode significar, por exemplo, que algumas atividades sejam compartilhadas por várias áreas do conhecimento e possam ser discutidas levando em conta os diferentes olhares disciplinares.

No capítulo 2, abordamos como as aulas de Inglês como Língua Adicional podem contribuir para a formação do cidadão crítico, criativo e atuante, e o que fazer para construir um currículo escolar de Línguas Adicionais que amplie a participação do educando na sociedade contemporânea. Propomos que as metas e o compromisso do currículo de Línguas Adicionais são promover o autoconhecimento, a interdisciplinaridade e a participação em contextos e discursos que se organizam a partir da escrita em português e em inglês.

O capítulo 3 trata das decisões sobre planos de ensino, seleção de textos e práticas de sala de aula a fim de promover a aprendizagem. Para isso, discutimos propostas de organização curricular em projetos interdisciplinares de ensino e aprendizagem em torno dos temas **Identidades** e **Ambiente**. O planejamento detalhado de um projeto para turmas de 7º ano sobre "saneamento" é apresentado, e as sugestões para a seleção de textos e para a elaboração de tarefas são discutidas como modos de criar oportunidades para o estudante lidar com textos na língua adicional, se situar, se informar, refletir, criar e resolver problemas em projetos de ação imediata ou de preparação para a cidadania, ampliando sua capacidade de ação nos demais componentes curriculares, com retorno também em termos de participação na comunidade escolar, nas comunidades locais e além delas.

O capítulo 4 é dedicado a planejar as práticas de avaliação sistematicamente, sempre a serviço da aprendizagem. Partindo de observação e reflexão sobre os procedimentos de avaliação em vigor na nossa sala de aula e na escola, vamos sistematizar critérios para que os nossos instrumentos de avaliação deem os recados certos sobre o que é sucesso na aprendizagem de leitura, escrita, compreensão e produção oral.

Você está convidado a reunir-se com seus colegas para, a partir das discussões propostas aqui, criar e vivenciar um contexto colaborativo de aprendizagem. Em tais contextos, de acordo com as diferentes realidades, colocadas pela variada inserção espacial e os múltiplos interesses dos envolvidos no processo de ensino e aprendizagem, todos, à semelhança da experiência que acabamos de relatar, serão responsáveis pela construção de novos saberes.

***Autores da coleção* Entre Nós**

Mapas conceituais são diagramas que indicam relações entre palavras que representam conceitos, ações, ideias, recortes de um determinado tema. Os mapas **Ambiente** e **Identidades** foram construídos a partir das perguntas: o que entendemos por Ambiente/Identidades? Que aspectos estão implicados nessas temáticas? O que pode ser abordado na escola sobre essas temáticas?

Os mapas não têm o objetivo de sugerir uma hierarquia ou uma progressão desejável dos componentes apresentados. A elaboração dos diagramas foi uma estratégia para levantarmos relações possíveis e significativas entre aspectos implicados nas temáticas que nos deram uma visão mais ampla de seu escopo e nos subsidiaram, então, para selecionar o que focar em cada componente curricular sem perder de vista as relações que esse recorte tem com o todo.

Este exercício foi realizado como um ponto de partida para ajudar o grupo a construir um mínimo de entendimento sobre o tema que estão compartilhando e será foco de ensino e aprendizagem. Isso não quer dizer, no entanto, que haverá ações conjuntas dos professores a partir da construção de um mapa conceitual – o que depende de outras estratégias de organização do trabalho coletivo.

Ter como ponto de partida a construção de um mapa conceitual (e os que apresentamos aqui foram construídos no início do nosso trabalho) significa também explicitar para o próprio grupo como cada um pode colaborar para o entendimento da temática. Seguramente, os mapas que poderíamos construir após o trabalho realizado seriam diferentes (talvez priorizando outras relações, trazendo mais/menos detalhes), e a comparação entre eles é, também, uma etapa desejável no trabalho coletivo para promover o debate acerca das aprendizagens que o grupo teve nas suas práticas de sala de aula e nas contribuições dos alunos.

MAPA AMBIENTE

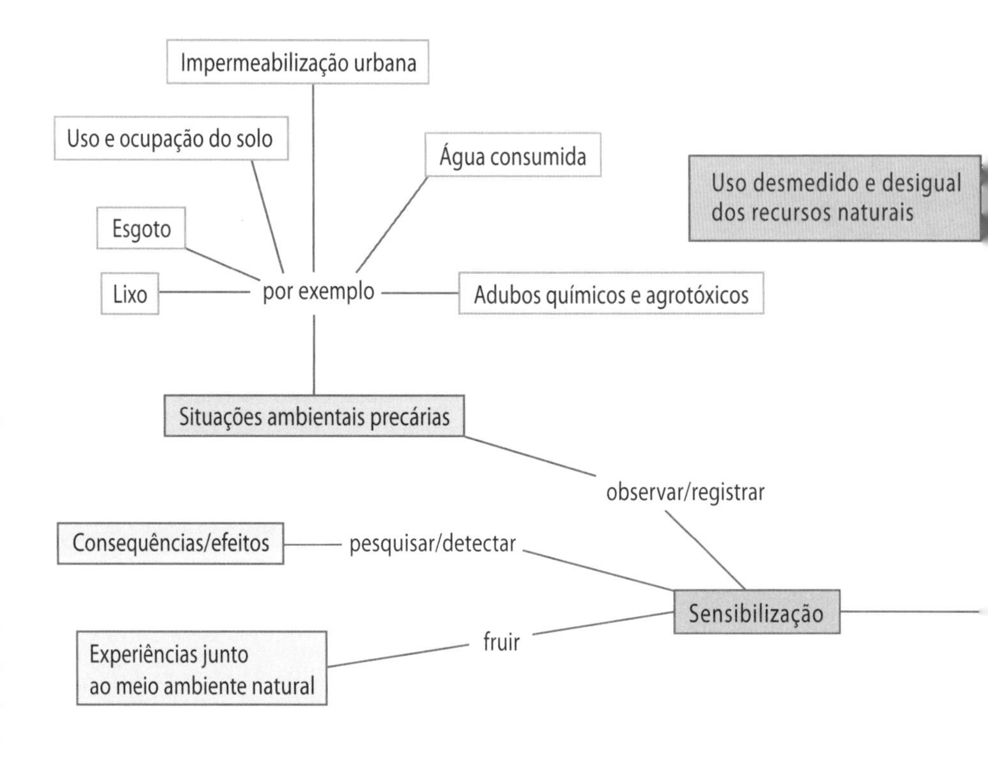

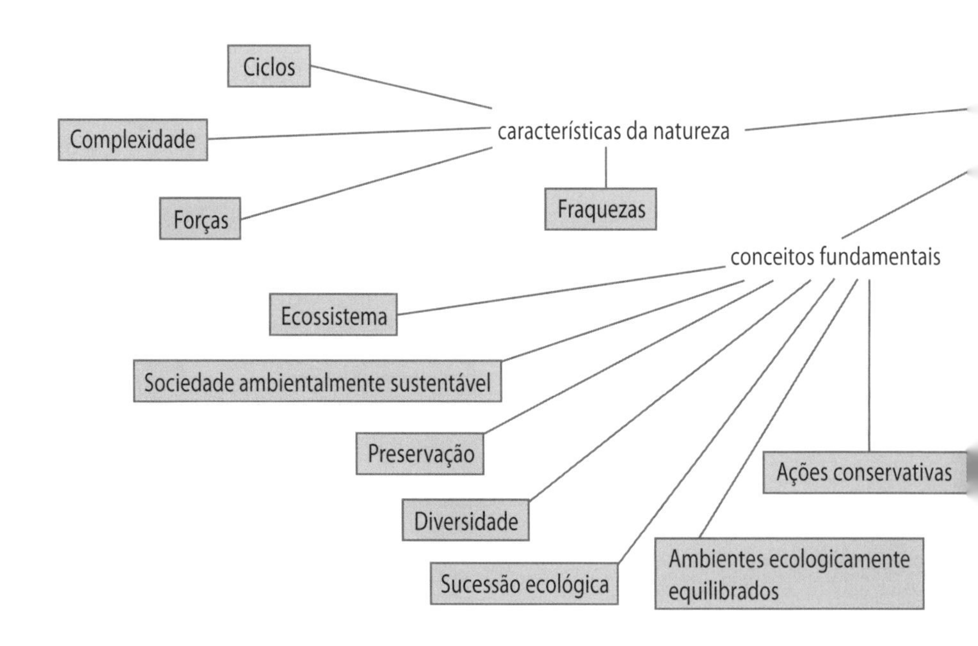

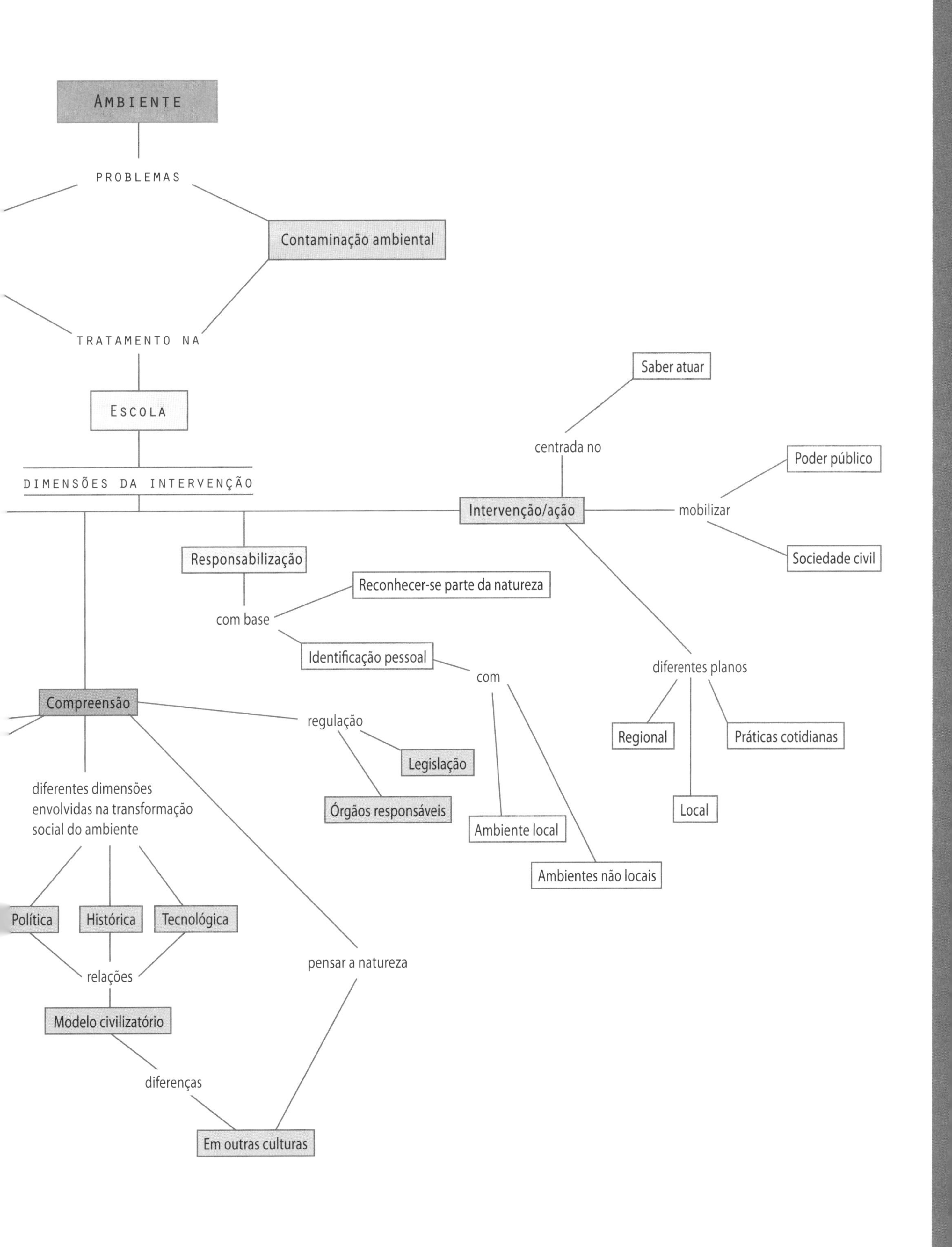
AMBIENTE
PROBLEMAS
Contaminação ambiental
TRATAMENTO NA
ESCOLA
DIMENSÕES DA INTERVENÇÃO
Saber atuar
centrada no
Poder público
Intervenção/ação
mobilizar
Sociedade civil
Responsabilização
Reconhecer-se parte da natureza
com base
Identificação pessoal
com
diferentes planos
Compreensão
regulação
Regional
Práticas cotidianas
Legislação
Órgãos responsáveis
diferentes dimensões
envolvidas na transformação
social do ambiente
Local
Ambiente local
Ambientes não locais
Política
Histórica
Tecnológica
pensar a natureza
relações
Modelo civilizatório
diferenças
Em outras culturas

MAPA IDENTIDADES

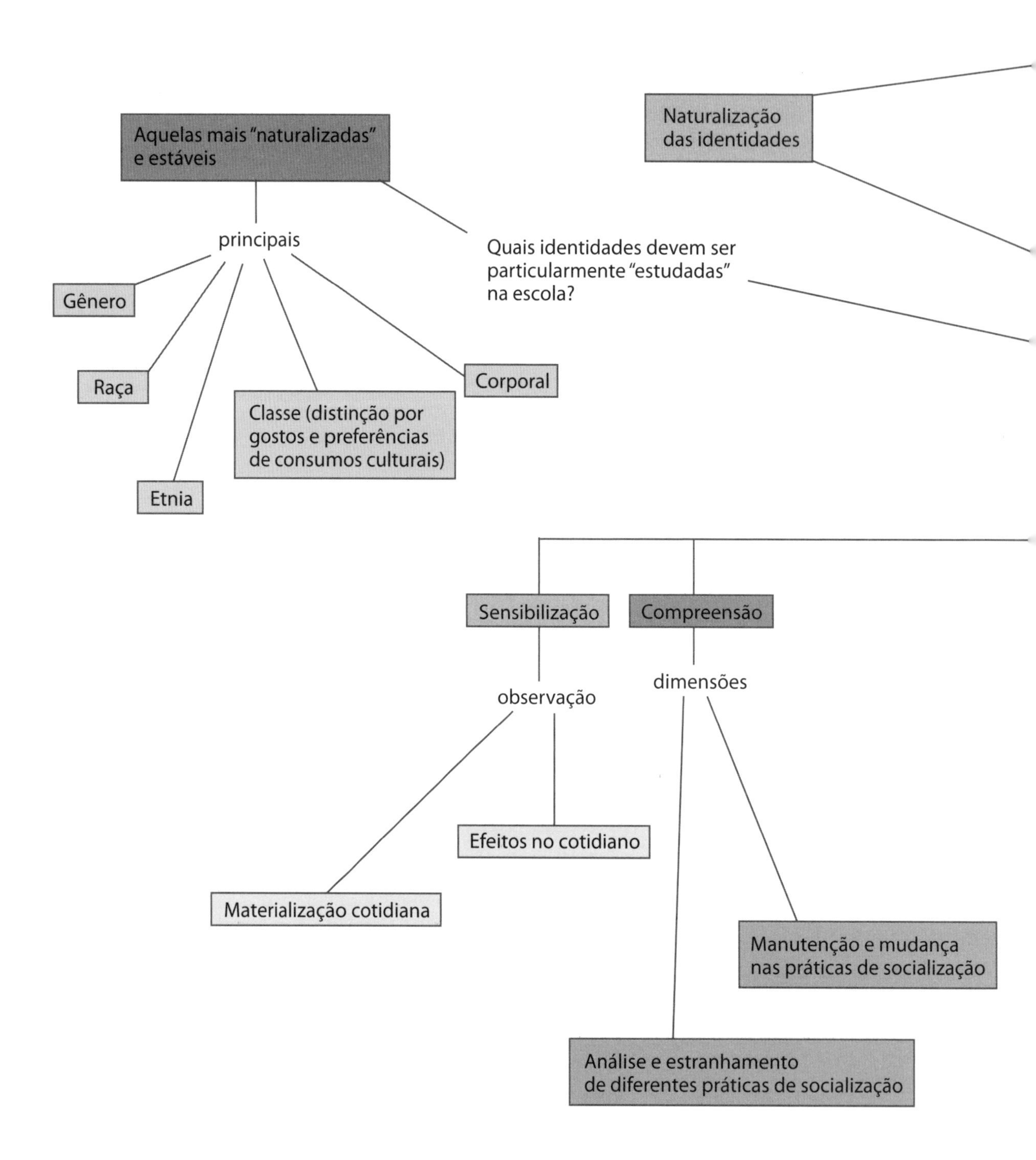

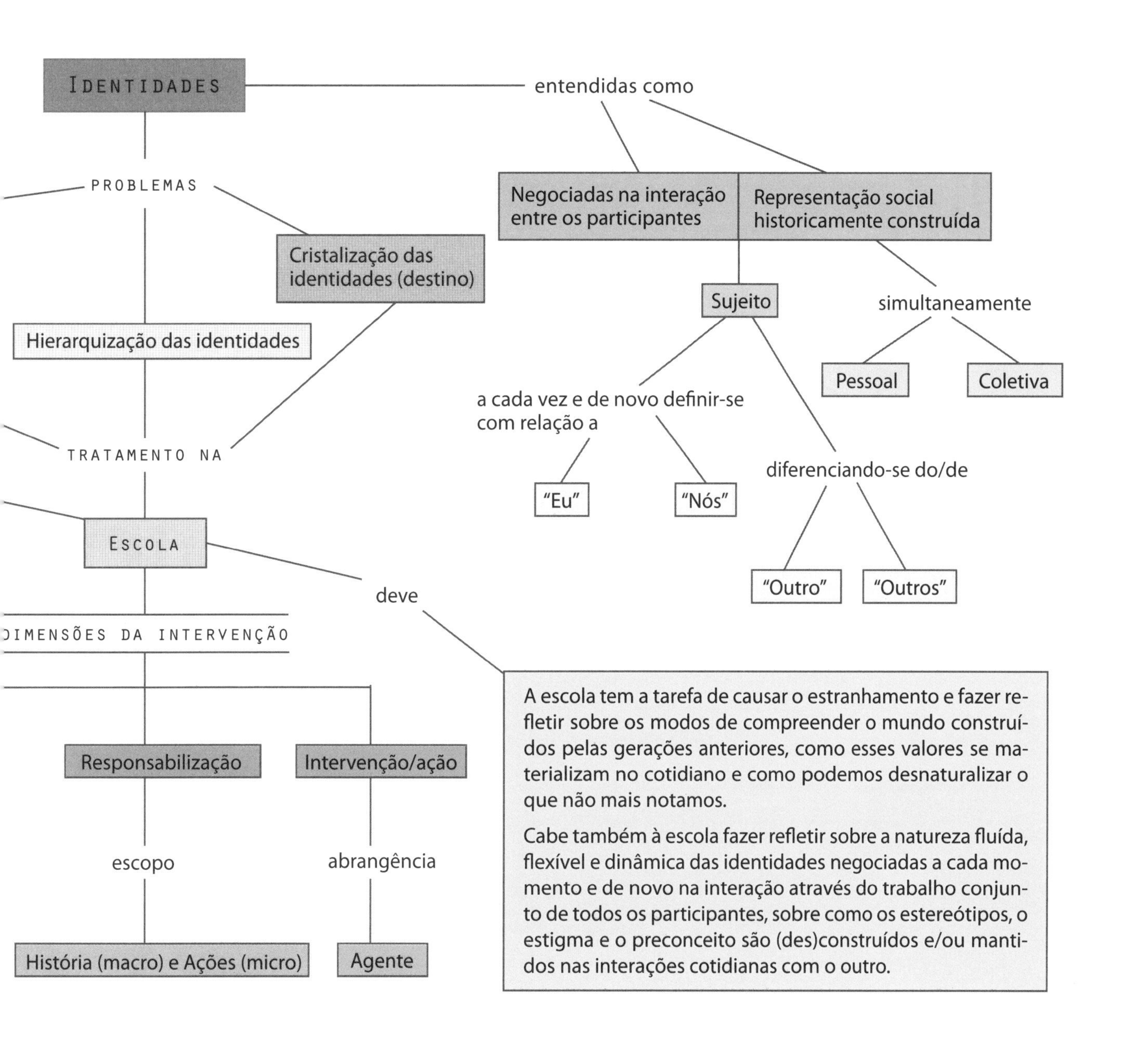

IDENTIDADES
entendidas como
Negociadas na interação entre os participantes
Representação social historicamente construída
Sujeito
simultaneamente
Pessoal
Coletiva
a cada vez e de novo definir-se com relação a
"Eu"
"Nós"
diferenciando-se do/de
"Outro"
"Outros"
PROBLEMAS
Cristalização das identidades (destino)
Hierarquização das identidades
TRATAMENTO NA
ESCOLA
deve
DIMENSÕES DA INTERVENÇÃO
Responsabilização
Intervenção/ação
escopo
abrangência
História (macro) e Ações (micro)
Agente
A escola tem a tarefa de causar o estranhamento e fazer refletir sobre os modos de compreender o mundo construídos pelas gerações anteriores, como esses valores se materializam no cotidiano e como podemos desnaturalizar o que não mais notamos.
Cabe também à escola fazer refletir sobre a natureza fluída, flexível e dinâmica das identidades negociadas a cada momento e de novo na interação através do trabalho conjunto de todos os participantes, sobre como os estereótipos, o estigma e o preconceito são (des)construídos e/ou mantidos nas interações cotidianas com o outro.

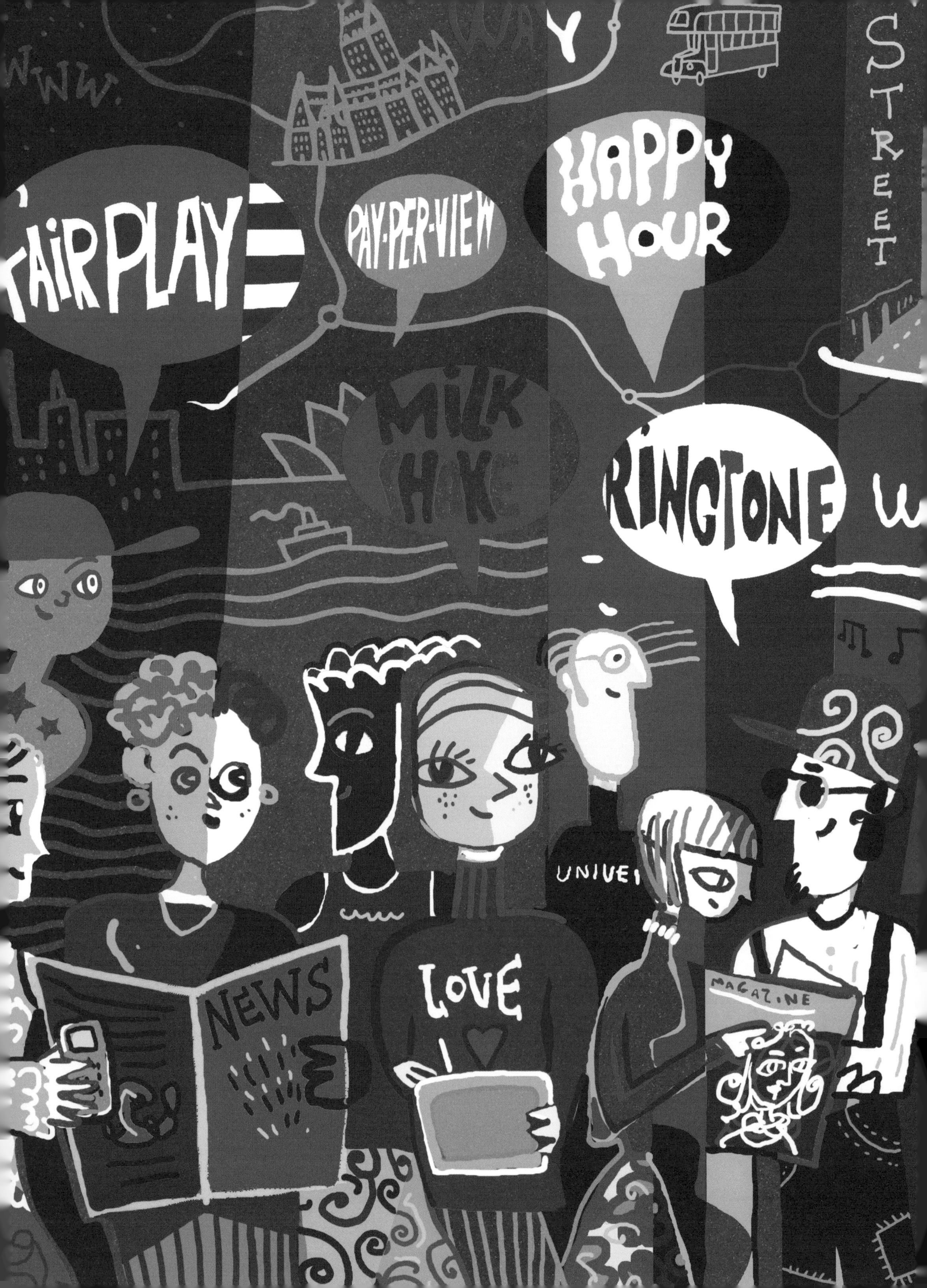

PAY-PER-VIEW
HAPPY HOUR
MILK
RINGTONE
STREET
NEWS
LOVE
MAGAZINE

capítulo **2**

As Línguas Adicionais na **Formação** do Cidadão

Quais são as contribuições do ensino de uma língua adicional para a formação do cidadão crítico, criativo e atuante? Como construir um currículo escolar de Línguas Adicionais que amplie a participação do educando na sociedade contemporânea? Como orientar o planejamento de ações interdisciplinares em eixos temáticos significativos para os participantes? Ao discutir essas questões, sugerimos parâmetros para refletir sobre o que é mais importante aprender e ensinar na aula de Inglês. Propomos que as metas e o compromisso do currículo de Línguas Adicionais são promover o autoconhecimento, a interdisciplinaridade e a participação em contextos e discursos que se organizam a partir da escrita em português e em inglês. Sugerimos também algumas perguntas para você definir com os colegas como aprender inglês pode se relacionar com outros conhecimentos e com a vida dos alunos.

OBJETIVO: PROBLEMATIZAR A EDUCAÇÃO LINGUÍSTICA NA ESCOLA, TRATAR DE SEU PLANEJAMENTO E EXECUÇÃO E DESTACAR A INTERDISCIPLINARIDADE COMO CONCEITO FUNDAMENTAL PARA UMA EDUCAÇÃO LINGUÍSTICA SIGNIFICATIVA.

- **Observar** para entender e planejar;
- Educação linguística, **letramento** e definição de eixos temáticos: horizontes e **rumos para a aprendizagem**;
- **Todos** podem participar, todos **podem aprender**;
- Metas e compromissos do currículo de Línguas Adicionais: promover o **autoconhecimento**, a interdisciplinaridade e a **participação em contextos** que acontecem também em inglês.

Refletir sobre a razão para aulas de línguas na escola é um passo fundamental para pensar em metas de aprendizagem, em organização curricular, em práticas de sala de aula e no compromisso da escola na formação do cidadão crítico, criativo e atuante. Para isso, é importante começar explicitando como vemos o nosso objeto de ensino, e isso envolve a própria escolha do termo[1]. Optamos aqui pelo termo "línguas adicionais" em vez de "línguas estrangeiras" porque entendemos que assim:

→ priorizamos o acréscimo dessas línguas a outras que o educando já tenha em seu repertório (língua portuguesa e/ou outras);

→ assumimos essas línguas como parte dos recursos necessários para a cidadania contemporânea: são úteis e necessárias entre nós, em nossa própria sociedade, e não necessariamente estrangeiras;

→ reconhecemos que, em muitas comunidades, as línguas que ensinamos não são a segunda língua dos educandos, por exemplo, em comunidades surdas, indígenas, de imigrantes e de descendentes de imigrantes;

→ reconhecemos que essas línguas são usadas para a comunicação transnacional, isto é, muitas vezes estão a serviço da interlocução entre pessoas de diversas formações socioculturais e nacionalidades, não sendo portanto possível nem relevante distinguir entre nativo e estrangeiro.

Partindo dessa perspectiva, entendemos que é responsabilidade da escola possibilitar o acesso a línguas adicionais para que o educando possa:

Conhecer, participar e dar novos contornos à própria realidade

Afiliar-se a um *site* para participar de discussões sobre futebol com torcedores de outras partes do planeta; buscar informações sobre as condições de saneamento no mundo; conhecer o que é feito pelos órgãos internacionais em relação a problemas de sua vida – esses são alguns exemplos de situações em que o estudante estará se encontrando com modos de expressão numa língua adicional valorizada no mundo. A aula de Línguas Adicionais pode ser um espaço para que os seus participantes se encontrem com uma nova forma de expressão humana, com visões do mundo distintas das suas, com uma língua que pode fascinar ou assustar. E esse espaço deve servir antes de mais nada para reflexão e informação sobre as realidades locais e imediatas dos educandos em tarefas de interlocução com o mundo que se faz nessa outra língua.

1. Usamos "línguas adicionais" e "inglês" com referência às línguas em si e "Línguas Adicionais" e "Inglês" com referência ao componente do currículo escolar.

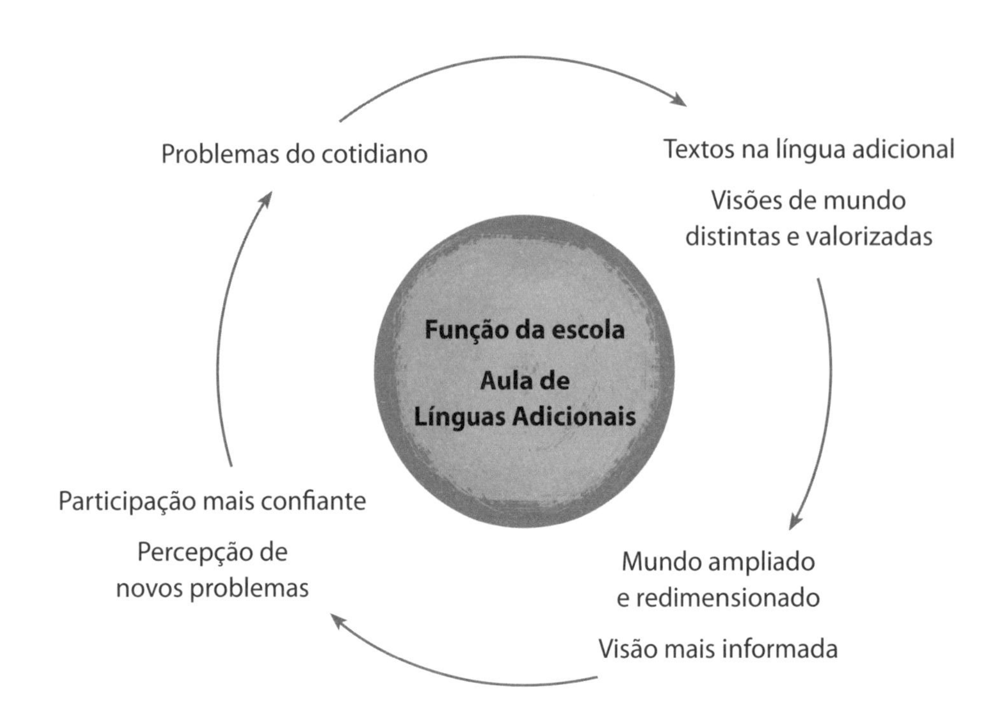

Na aula de Línguas Adicionais, o educando pode ver, desde o começo e cada vez mais, o seu mundo ampliado e assim decidir o que nesses novos horizontes importa para a sua vida, no seu mundo imediato. Pelas oportunidades de lidar com textos na língua adicional e valer-se dela para agir, ele poderá conhecer mais e, assim, compor a sua própria visão informada e atuante, capacitando-se para participar mais afirmadamente do seu próprio mundo e do mundo maior que se apresenta na sua vida como cidadão.

Transitar na diversidade

A sala de aula de Línguas Adicionais pode ser um espaço para os cidadãos em formação se prepararem para encontros com a diversidade, comuns nas sociedades complexas contemporâneas, em que é muito importante saber lidar com o novo e o diferente, inclusive no mercado de trabalho, e mesmo quando a atuação é em língua portuguesa. Precisamos trazer para os nossos alunos um pouco de tudo o que há de importante e interessante no mundo que se faz nas línguas adicionais. Como veremos no próximo capítulo, nos Quadros 4A e 5A, de planos de estudos em Línguas Adicionais, ler uma apresentação em PowerPoint em um projeto escolar desenvolvido em outro país para explicar o que é futebol para quem não vive no país do futebol pode nos provocar a pensar qual é o papel do futebol nas nossas vidas de cidadãos do país do futebol. Uma história em quadrinhos da Turma da Mônica em inglês sobre cuidar da natureza pode ser o começo para contar para outros no mundo lá fora como são as condições de saneamento na nossa comunidade.

Para garantir algo de grande valia para o cidadão e para a própria empregabilidade dos nossos educandos, a educação linguística que promove esse tipo de encontro com a língua adicional no sistema regular de ensino não precisa formar falantes capazes de interagir nessa língua em todo e qualquer contexto. Afinal, em princípio, eles não vão atuar somente em inglês. A educação linguística em Línguas Adicionais terá sido bem-sucedida se os educandos estiverem capacitados a usar o que aprenderam na aula de Inglês para participar dos discursos que se organizam também em inglês. Uma vez que estiverem fazendo isso na própria aula de Inglês, eles podem então entender afinal por que tanto dizem por aí que inglês é importante. Daí podem querer ampliar sua intimidade com essa "língua dos outros". É possível até que passem a buscar meios de tornar essa língua cada vez mais sua, ao adicioná-la aos seus repertórios de meios de expressão e de ação, e adentrar espaços onde ela é a língua preferencial de interação, onde a vida se faz (somente) em inglês.

O diferente e o novo que as línguas adicionais valorizadas apresentam, sobretudo no caso do inglês, muitas vezes já estão nos textos que o cidadão de hoje em dia precisa enfrentar para circular plenamente na nossa própria sociedade. Por isso a aula de Línguas Adicionais deve ajudar o educando a não virar as costas para os textos do mundo nos quais essa língua se fez e se faz relevante: ter lidado com esses desafios em aula irá capacitá-lo, mais adiante, a reconhecer esses sinais e se posicionar com segurança quando eles surgirem na sua vida em espaços de ação dos quais eles podem querer participar.

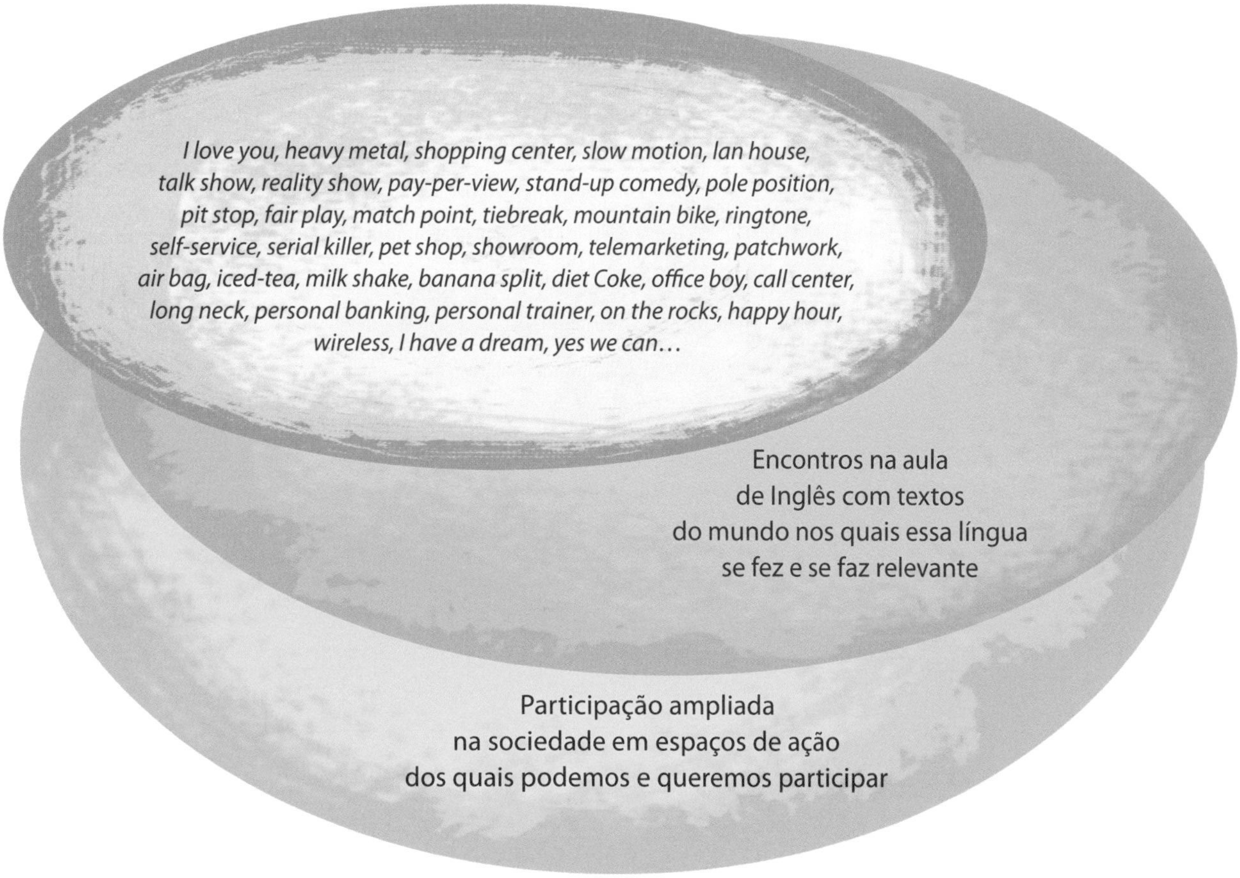

Isso também quer dizer que a aula de Línguas Adicionais tem por objetivo ensinar a ler. Em parceria íntima com Língua Portuguesa e Literatura e as outras áreas do saber escolar, portanto, o componente curricular de Línguas Adicionais tem por objetivo garantir o acesso cada vez mais alargado e profundo aos discursos que se organizam a partir da escrita. Numa educação linguística integrada, voltada para a formação de um cidadão preparado para participar ativa e criativamente das suas comunidades, da sua sociedade e do mundo, os textos na Língua Adicional concretizam a diversidade do mundo. No enfrentamento dessa diversidade, o educando tem a oportunidade de sofisticar sua atenção ao que pode significar, por exemplo, um ponto em vez de uma vírgula, ou uma vírgula no lugar de um ponto quando lê os mesmos números em uma tabela ou gráfico em português e em inglês. E ninguém duvide de que a descoberta de que num texto em inglês o ponto representa fração pode ser um passo para muitos pontos de atenção mais detida, leitura mais atenta, discussão mais informada e ação mais afirmada diante de tudo o que vem depois. Numa educação linguística integrada, voltada para a formação de um cidadão preparado para participar ativa e criativamente das suas comunidades, da sua sociedade e do mundo, os textos na língua adicional ampliam e aprofundam os recursos de conhecimento acumulado pela humanidade disponíveis ao cidadão contemporâneo. Em outras palavras, a qualidade da educação em línguas adicionais pode significar melhores condições de acesso ao mundo do conhecimento.

Mundo do conhecimento

We are the world!
Conhecimento sobre si, sobre a sua comunidade, sobre os outros e as suas comunidades

Comunidades e identidades mais amplas

Constituir-se através da língua adicional:
nacionalidade, representações de classes, categorias ou entidades, atividades profissionais

Comunidades e identidades escolares e locais

Participar como contribuinte e cidadão:
conhecimentos relacionados para ações em parceria, aliança, debate, protesto, antagonismo, disputa

Canhotorium

Tarefas e produtos dos projetos interdisciplinares

Trabalhar em equipe:
contribuições e talentos para a leitura e produção de textos relevantes

Atividades do aqui-e-agora da sala de aula de Línguas Adicionais

Oh, my Gosh!
Novos meios de expressão para a participação e a convivência

É sempre bom lembrar que, para muitos alunos, em especial crianças e jovens, o futuro que virá com a vida adulta é algo vago e distante. Assim, pode ser difícil sustentar diante deles a necessidade de aprender Línguas Adicionais com argumentos de que isso lhes será importante para oportunidades na vida adulta. O que propomos aqui é que a justificativa para o ensino de línguas adicionais está no que elas podem oportunizar de ampliação dos espaços de participação no aqui-e-agora da sala de aula e da vida cotidiana.

Podemos compreender melhor o que se passa conosco, na nossa comunidade e no nosso país porque tratamos disso na aula de Inglês, discutindo textos relevantes para a nossa vida.

Podemos participar do mundo que acontece em inglês porque fazemos isso na aula em atividades de compreensão e produção de textos escritos e orais. Por isso, vale a pena pensar seriamente no convite para investir, aqui-e-agora, nas ofertas que temos em sala de aula para desenvolver o conhecimento instrumental dessa língua.

Refletir sobre o mundo em que se vive e agir crítica e criativamente

O ensino de Línguas Adicionais, na escola que tem por propósito geral a formação de um cidadão capacitado a agir em cenários de grande diversidade, serve para promover o letramento do educando no mundo mais amplo. Nesse plano, o propósito talvez não seja primordialmente o desenvolvimento de um falante da língua inglesa que pretende atuar em espaços onde ela é dominante. Antes disso, interessa formar um cidadão apto a participar da vida social e do mundo do conhecimento que acontece **também em inglês.**

Promover oportunidades de letramento quer dizer fomentar a participação em eventos variados que exigem leitura e escrita, e assim o desenvolvimento de habilidades de uso da leitura e da escrita nas práticas sociais (o que se faz com os outros). Também significa promover o desenvolvimento de atitudes positivas em relação a essas práticas sociais, sobretudo pela experiência de busca de satisfação da curiosidade e de soluções criativas para problemas de diversas ordens, da mais imediata e concreta à mais remota e abstrata. Ao ter a dimensão do que está mais além das suas identidades e comunidades locais de atuação e de interação, o educando poderá:

→ redimensionar o que já conhece e valoriza;

→ conhecer outras possibilidades de inserção e dimensionar o que é demandado para isso;

→ avaliar se e como pode circular nessas práticas, cenários, situações e grupos humanos, talvez de outras sociedades, mas primeira e certamente das comunidades das quais faz parte;

→ avaliar se e como pode circular em novas práticas, cenários, situações e grupos humanos dos quais pode querer tomar parte, e da sociedade da qual pode ser cidadão pleno, isto é, crítico, criativo e atuante.

Assim, as perguntas que podem guiar o trabalho de educação linguística no ensino de línguas adicionais são:

→ Quem sou eu neste mundo?

→ Quais são os limites do meu mundo?

→ Quais são as minhas comunidades de atuação?

→ Onde está essa língua que o currículo me proporciona estudar?

→ De quem é essa língua?

→ O que é que essa língua tem a ver comigo?

→ Para que serve essa língua?

→ Que conhecimentos essa língua encerra?

→ O que é que eu posso fazer mais e melhor ao conhecer essa língua adicional?

Se a aula de Línguas Adicionais estiver mobilizando a disposição dos estudantes para se engajar nessas reflexões, e se os conhecimentos que eles estiverem construindo nesse componente curricular estiverem claramente tratando de temáticas relevantes para o seu aqui-e-agora, incluindo-se aí o que está se passando nos outros componentes curriculares, se estiverem lendo e produzindo textos na língua adicional, portanto, tendo acesso aos discursos que se organizam a partir da escrita na língua adicional, eles estarão aprendendo a própria língua adicional em si. Por outro lado, ao trazer para a discussão de temáticas como **Identidades** ou **Ambiente**, conhecimentos relevantes sob um ângulo que torna visível um mundo de diversidade, explorando modos e meios de expressão em novos horizontes de participação possível, o espaço de aprendizagens em Línguas Adicionais pode contribuir para a integração dos conhecimentos na discussão temática dos demais componentes curriculares ao mesmo tempo em que fortalece a educação linguística em Língua Portuguesa e Literatura.

OBSERVAR PARA ENTENDER E PLANEJAR

Partindo do pressuposto de que a nossa compreensão sobre a sociedade e a nossa participação nela podem ser diferentes a partir do que podemos aprender na escola com as línguas adicionais, queremos convidar você a assumir uma posição de observador atento do seu contexto e no seu contexto. Vamos refletir sobre o que está acontecendo em termos de aprendizagens, o que dá certo e como podemos construir pontes para um vínculo com a aprendizagem de línguas adicionais na escola. Para isso, sugerimos focos de observação iniciais e preparamos uma série de perguntas que poderão ajudar você e seus colegas a pensarem em maneiras de construir um currículo integrado que focalize questões relevantes ao contexto observado, trazendo a possibilidade de aprendizagens significativas.

Vamos examinar as perguntas e depois refletir juntos sobre como trabalhar essas questões com os colegas dos outros componentes curriculares para construirmos o currículo na prática, em projetos de ensino e aprendizagem que integrem diferentes áreas do conhecimento e que poderão dar sentido à aprendizagem das Línguas Adicionais na escola.

Observe os quadros das páginas 44, 45 e 46 a seguir. As reflexões para a busca de respostas para as questões da coluna à esquerda darão a você um quadro descritivo sobre alguns dos desafios que você poderá enfrentar para fortalecer o vínculo dos alunos com o conhecimento em geral e com o conhecimento de inglês como língua adicional. Buscamos entender o que já acontece para poder dimensionar e decidir em conjunto sobre os conhecimentos que poderão trazer mais segurança e autoria às participações que nossos educandos já têm e às que eles desejam ter na sociedade. Esse quadro poderá ir se delineando melhor se você discuti-lo com colegas de outros componentes curriculares, para que tenham uma perspectiva mais plural e ecológica de como os participantes constroem seus contextos de maneiras diferentes aqui e ali. Se, com um professor, os alunos agem assim, e com outro, assado, isso é informação relevante para compreender o que mobiliza e o que pode levar a turma para uma comunidade colaborativa de aprendizagem, ou seja, um grupo de pessoas que trabalham juntas para construir conhecimentos relevantes para fazer coisas no mundo. Pode também subsidiar um plano de como os saberes de diferentes componentes curriculares podem ser mobilizados em eixos temáticos, problemáticas comuns e em resoluções informadas por todas as áreas de conhecimento.

QUADRO 1

ESTUDANDO POSSIBILIDADES DE APRENDIZAGEM PARA DIFERENTES CONTEXTOS DE ENSINO: O QUE APRENDER NA AULA DE LÍNGUAS ADICIONAIS?

O professor como observador: o que motiva os alunos? Como eles aprendem? O que eles já sabem?	**Possibilidades de aprendizagem: relação dos conhecimentos prévios com o conhecimento necessário para avançar**	**Decisões sobre o currículo: a busca por temas geradores interdisciplinares e objetivos de ensino e decisões sobre o que é específico da aula de Línguas Adicionais**
O que faz sentido para os alunos? Quais são as questões com as quais eles estão se envolvendo?	O que mais os alunos precisam aprender para avançar e para participar de maneira mais informada? Como a língua adicional pode ser relacionada a isso? Quais conhecimentos podem ser vinculados a isso? Quais conhecimentos específicos da língua adicional estão implicados?	Quais eixos temáticos podem organizar esses conhecimentos? Quais são as demandas sociais para as aprendizagens de línguas adicionais nesse campo de atuação? Quais são as participações que o educando pode conquistar na sociedade porque ele aprendeu língua adicional na escola?
O que os alunos já sabem sobre a língua adicional, a língua portuguesa, outras línguas?	Que pontes esse conhecimento possibilita para o ensino da língua adicional? Que tarefas são necessárias para possibilitar o ensino da língua adicional para iniciantes ou alunos com pouco/muito conhecimento prévio?	Quais são os objetivos mínimos que queremos alcançar na escola? Quais são as práticas de Línguas Adicionais que queremos focalizar no currículo escolar?
Em que coisas os alunos prestam atenção? O que aprendem no dia a dia? Como esses alunos normalmente se engajam para aprender o que querem saber?	Como essas maneiras de aprender podem ser potencializadas nas tarefas pedagógicas propostas e nas práticas de sala de aula? Qual é a diferença entre copiar ou aprender a responder corretamente e aprender algo para resolver problemas práticos?	Que metodologias são adequadas para os objetivos de ensino propostos? Quais projetos de aprendizagem e tarefas pedagógicas podem ser úteis? Que práticas de sala de aula podem ser projetadas (trabalho individual, coletivo, jogos, etc.)?
Quais textos já circulam entre os alunos? Como eles usam esses textos?	Qual é a diferença entre aprender o que é do gosto e aprender o que é relevante para a participação social ampliada? Que desafios podem ser criados (de uso efetivo dos textos) para que os alunos não virem as costas para o texto na língua adicional?	Quais textos podem ajudar a ampliar a participação dos alunos em contextos novos e já conhecidos de maneira mais informada e criativa? Quais textos são compromisso da escola?

Quadro 2

Estudando possibilidades de aprendizagem para diferentes contextos de ensino: com quem aprender na aula de Línguas Adicionais?

O professor como observador: como os alunos se organizam? Como fazem parcerias?	**Possibilidades de aprendizagem: relação dos conhecimentos prévios com o conhecimento necessário para avançar**	**Decisões sobre o currículo: a busca por temas geradores interdisciplinares e objetivos de ensino e decisões sobre o que é específico da aula de Línguas Adicionais**
Como os alunos se organizam na sala de aula? E na escola? O comportamento muda em diferentes contextos da escola? De que maneira?	Quais combinações são necessárias para a construção de uma comunidade colaborativa de aprendizagem?	Quais eixos temáticos poderiam ser incluídos no currículo escolar para tratar dessas questões?
Que estímulos mobilizam os alunos na sala de aula? Como constroem o vínculo com os colegas e com a escola?	Como a motivação constatada e o vínculo com os colegas e a escola podem ser potencializados para construir com eles o vínculo com a aprendizagem em Línguas Adicionais?	Quais projetos poderiam possibilitar um vínculo mais forte com a aprendizagem na escola?

Quadro 3

Estudando possibilidades de aprendizagem para diferentes contextos de ensino: o que a escola oferece para a aula de Línguas Adicionais?

O professor como observador: o que as condições oferecidas pela escola têm a ver com a aprendizagem?	**Possibilidades de aprendizagem: relação dos conhecimentos prévios com o conhecimento necessário para avançar**	**Decisões sobre o currículo: a busca por temas geradores interdisciplinares e objetivos de ensino e decisões sobre o que é específico da aula de Línguas Adicionais**
Qual é a infraestrutura da escola?	O que podemos fazer com essa infraestrutura? Como podemos buscar maneiras alternativas (inclusive com recursos de fora da escola) de construir a aula?	Que relação a proposta curricular estabelece com a infraestrutura da escola? Como construir um projeto de atualização de espaço e equipamento na escola?
Como a avaliação é tratada na escola? O que o Projeto Político-Pedagógico da escola propõe? Como acontece a avaliação nos diferentes componentes curriculares?	Como a avaliação pode fazer sentido? Como a avaliação pode estar a serviço da aprendizagem?	Como sistematizar na proposta pedagógica da escola uma avaliação a serviço da aprendizagem?
Qual é a formação da equipe diretiva e da equipe pedagógica da escola?	Como a formação das equipes pode ser potencializada na escola em benefício da aprendizagem?	Quais projetos podem ser feitos para uma formação continuada relevante para a escola e para os objetivos de ensino?
Há trabalho interdisciplinar? Há trabalho em parceria com colegas professores? Como acontece esse trabalho?	Como o trabalho em parceria pode ser potencializado em benefício da aprendizagem? Que outras maneiras de trabalho conjunto são possíveis?	Como organizar e viabilizar o desenvolvimento de projetos interdisciplinares na escola? Quais mudanças são necessárias para isso?
A escola mantém parcerias com outras instituições? Quais? Com que objetivos?	Como essas parcerias podem contribuir para o desenvolvimento de projetos de aprendizagem? Que outras parcerias podem ser feitas para isso?	Como organizar e viabilizar o desenvolvimento de parcerias com outras instituições? Quais encaminhamentos administrativos são necessários? Como organizar o trabalho em equipes? Como promover o engajamento da comunidade escolar nesses projetos?

É importante salientar que definir o que é compromisso da escola em termos de conhecimentos a serem construídos não está diretamente relacionado com os alunos se interessarem ou não, gostarem ou não de determinados tópicos. Saber que eles se sentem mobilizados por determinados assuntos, no entanto, pode ser um ponto de partida importante para sabermos como abordar com eficácia os conhecimentos que deverão ser problematizados e estudados na escola.

Na segunda coluna dos Quadros 1, 2 e 3 sugerimos perguntas que buscam, a partir do diagnóstico do que acontece, promover uma reflexão sobre o que é importante ser tratado na escola e assim criar uma noção mais clara de onde queremos chegar, levando em conta o que já sabemos sobre as condições que temos. Tudo isso está a serviço de potencializar as condições existentes para criar condições para a aprendizagem. Dar-se conta de que os alunos não compreendem a noção de porcentagem ou determinadas palavras que entendemos como básicas para a leitura de um texto em inglês, em vez de se configurar como um obstáculo intransponível, pode ser a razão para o planejamento de novas tarefas e para um trabalho em conjunto com o professor de Matemática em um projeto integrado. O trabalho do professor, como participante mais experiente, é diagnosticar para planejar e, assim, criar oportunidades para a aprendizagem dos conhecimentos necessários para a leitura do mundo.

De modo semelhante, entender determinadas limitações de infraestrutura na escola, por exemplo, pode ser o início de um projeto conjunto com uma turma de alunos para a busca de alternativas. Nessa perspectiva, estudar soluções encontradas por outras comunidades, por gente que usa outras línguas em situações diversas das nossas, pode ajudar a ressignificar as nossas próprias situações e informar a busca pelas nossas próprias soluções.

Acompanhamos um projeto interdisciplinar formulado conforme o que propomos aqui, planejado e liderado pela professora de Inglês, também professora de Língua Portuguesa e supervisora pedagógica de escola, sobre a temática **Valorização do patrimônio público e escolar**[2]. O diagnóstico das condições da infraestrutura da escola, destacada como patrimônio público, espalhou-se pelos diversos componentes curriculares e turmas de todos os anos/séries, gerando reflexão, busca de informações e sistematização de reflexões e informações sobre, entre outros, o patrimônio natural e cultural da região – do corpo humano aos mananciais de água, a produção artística e a culinária locais. Uma tabela periódica gigante e cortinas para a sala de aula, construídas de materiais recicláveis, surgiram como produtos finais de atividades pedagógicas configuradas concretamente como material escolar útil e visível, isto é, patrimônio público. Essas cortinas foram decoradas com retalhos criativos de histórias em quadrinhos em inglês, feitas pela turma, depois da leitura de histórias em quadrinhos da Turma da Mônica, aludindo, na perspectiva dos alunos, ao espaço escolar, como eles gostariam que fosse.

O diagnóstico das condições de infraestrutura, por exemplo, dos banheiros da escola, conduzido mediante visitas de meninos e meninas às instalações reservadas ao outro sexo, propiciou reflexões sobre identidades de gênero. Mais que isso, também trouxe consciência sobre saúde pública e atenção para textos de comunicação de

2. Projeto planejado pela professora Fernanda Cardoso Ricardo, em colaboração com a professora Maria Valésia da Silva, desenvolvido em escola da rede pública estadual do Rio Grande do Sul.

advertências, que antes talvez não fossem vistos como significativos, e menos ainda como patrimônio. De modo semelhante, a tomada de conhecimento dos montantes de recursos necessários para a reposição de equipamentos tão simples como maçanetas e louças sanitárias depredadas gerou curiosidade de comparação desses valores com a contabilidade da escola, o que por sua vez despertou a necessidade de compreensão relativa por cômputo matemático. Isso deu razão para contatos formais para obtenção desses dados e a produção de textos e gráficos comparativos em subsídio a discussões sobre prioridades de investimento de recursos para manutenção e melhoria da infraestrutura escolar.

No conjunto desse projeto de aprendizagem alastrado para toda a escola, problemas foram reenquadrados como ponto de partida para ação pedagógica e civil imediata, com grande engajamento e satisfação de todos os participantes, com ganhos de conhecimento e qualidade de vida para todos. E, nesse percurso, o que estava previamente em um inventário de conteúdos a serem ensinados de maneira abstrata e isolada foi aprendido porque era relevante e significativo para a resolução de problemas comuns, que antes não eram percebidos como tais ou que, por não serem problematizados, não propiciavam a mobilização e a busca pelo conhecimento para que os integrantes da comunidades escolar e das comunidades locais pudessem intervir.

Além de disposição e entusiasmo, a construção de possíveis pontos de chegada também pode ser beneficiada com a participação da comunidade escolar, em encontros planejados para isso. Conforme discutido no capítulo 1, a construção conjunta de um mapa conceitual pode ajudar para que, a partir dele, sejam tomadas decisões quanto aos conteúdos curriculares, temas geradores de projetos de aprendizagem e do que é específico das Línguas Adicionais nos diferentes anos escolares. Para isso, as perguntas da terceira coluna dos Quadros 1, 2 e 3 podem ser úteis. Como veremos em detalhe no próximo capítulo, a construção conjunta de metas de aprendizagem relacionadas a diferentes problemáticas e eixos temáticos pode orientar o trabalho de toda a equipe de educadores.

EDUCAÇÃO LINGUÍSTICA, LETRAMENTO E A DEFINIÇÃO DE EIXOS TEMÁTICOS:

HORIZONTES E RUMOS PARA A APRENDIZAGEM

Elencar quais os conhecimentos linguísticos relacionados com as problemáticas a serem focalizadas é a próxima etapa dessa construção. Nesse sentido, é importante estabelecer aqui determinados objetivos amplos do ensino de línguas e suas literaturas, incluídas aqui a Língua Portuguesa e as Línguas Adicionais, Literatura Brasileira e Literaturas Universais. Entendemos que os propósitos desses componentes curriculares específicos são a **educação linguística** e o desenvolvimento do **letramento**. Na escola nos interessa construir uma proposta de currículo e uma progressão curricular pautadas pela vida. Um tal currículo tem como ponto de referência as práticas sociais públicas que acontecem pelo uso da linguagem e está voltado para a ampliação da participação dos educandos nas esferas de uso da linguagem em que já atuam e seu ingresso em novos espaços de participação, alguns dos quais eles nem sequer vislumbram. Isso é dizer que queremos oferecer ao estudante oportunidades de aprendizagem que eles não terão fora da escola, ao menos não de maneira fácil e previsível.

Os vários campos de atuação humana formam possíveis horizontes de eixos temáticos sobre os quais a escola pode se debruçar. As problemáticas enfrentadas por diferentes comunidades escolares são pontos de partida para a seleção do que é relevante de ser tratado na turma e na escola de tal modo que o educando possa compreender a complexidade do seu cotidiano e capacitar-se para lidar com ele de maneira crítica, criativa e atuante. E os diferentes textos que circulam nesses campos são a matéria-prima para aprender a participar.

Se entendemos **Identidades** como uma temática fundamental para o autoconhecimento e assim relevante para toda a nossa atuação em diferentes esferas sociais, cabe à escola, por exemplo, tratar do fato de que questões identitárias estão sempre conosco e precisam ser observadas e compreendidas nas situações do cotidiano pelo cidadão contemporâneo. Por exemplo, um aspecto relevante para a reflexão sobre o racismo no futebol ou o tratamento dado a homens e mulheres no trânsito é a relação entre o uso da linguagem e a naturalização, hierarquização e cristalização de identidades. Então, duas perguntas-chave que podemos focalizar são:

→ Como se constroem e se mantêm os preconceitos e os diferentes valores associados a diferentes formas de ser?

→ Como a educação linguística e o desenvolvimento do letramento podem contribuir para a compreensão da construção histórica de representações identitárias relacionadas a gênero, raça, etnia, classe, corpo, etc.?

Cabe à escola causar o estranhamento e fazer refletir sobre as maneiras como esses valores se materializam no cotidiano e como podemos desnaturalizar o que não mais notamos. Cabe também propiciar, através de textos e atividades com a língua adicional, a reflexão sobre como os estereótipos, o estigma e o preconceito são (des)construídos ou mantidos nas interações cotidianas com o outro. Com isso se pode chegar a uma compreensão da natureza fluida, flexível e dinâmica das identidades negociadas a cada momento e de novo na interação através do trabalho conjunto de todos os participantes.

No próximo capítulo, elaboramos uma proposta de como poderia ser construído um planejamento de estudos para os diferentes anos do ensino fundamental e discutimos alguns exemplos de textos e de tarefas para construir uma aula de Inglês como um espaço privilegiado para essas aprendizagens.

Discutimos também propostas, textos e tarefas para o eixo temático **Ambiente**. Conforme já apontamos no capítulo 1, para entendermos como questões relacionadas ao ambiente se relacionam com a vida cotidiana, é função da escola problematizar os impactos sociais de problemas ambientais, sua relação com a saúde, o trabalho, a educação, a cidadania. É responsabilidade da aula de Línguas Adicionais dar acesso a textos e refletir sobre informações e pontos de vista que circulam na língua adicional e que dizem respeito a outras sociedades e à nossa própria.

→ Quais são algumas das percepções, problemáticas, valores, responsabilidades assumidas, soluções que circulam em relação ao ambiente?

→ Como isso interfere na vida do educando e como a educação linguística e o desenvolvimento do letramento podem contribuir para que ele possa participar dessa discussão?

Usar a língua adicional para ampliar o entendimento sobre nós próprios e sobre o mundo em que vivemos através do acesso a textos (orais e escritos), oportunidades de reflexão sobre eles e sobre suas implicações e de produções significativas a partir dessa discussão é o que entendemos por ter a educação linguística e o desenvolvimento do letramento como objetivos do ensino de Línguas Adicionais, Língua Portuguesa e Literatura. Por **educação linguística** entendemos que a escola deve dar "acesso à escrita e aos discursos que se organizam a partir dela" (BRITTO, 1997, p.14). E "dar acesso" quer dizer ensinar a ler com plenitude, isto é, com compreensão, expansão e atitude de resposta ao que se lê na forma de ação criativa a partir do que se leu.

Isso significa, portanto, que vamos escolher textos para serem trabalhados (para atividades de compreensão e produção) na aula de Inglês que possam propiciar a reflexão sobre questões que moveram e que movem a vida cotidiana e que, dessa maneira, vão permitir não só a discussão em sala de aula (em língua portuguesa ou em língua adicional, dependendo do nível de proficiência da turma), mas o trânsito por contextos em que essa discussão se torna relevante no nosso dia a dia e em contextos construídos em inglês que passarão a fazer parte da nossa vida.

Discursos que se organizam a partir da escrita em línguas adicionais: educação linguística para o letramento

Ler, escrever e discutir textos relevantes para situar-se, criar e resolver problemas com a turma na aula

→ História em quadrinhos da Turma da Mônica em inglês

Canhotorium

Discursos que se organizam a partir da escrita em línguas adicionais em representações e comunidades mais amplas

→ Tomar posição no *site* da FIFA

→ Postar foto com legenda no Flickr representando a comunidade

Ler, escrever e discutir textos relevantes para situar-se, criar e resolver problemas no trabalho escolar em equipes

→ Construir texto coletivo com dados sobre o saneamento no bairro

Ler, escrever e discutir textos relevantes para situar-se, criar e resolver problemas em ações públicas e em parceria, para promover aliança, debate, protesto, antagonismo, disputa, exercendo a cidadania

→ Carta aberta

→ Cortinas na sala de aula

→ Cartazes de protesto

Queremos, portanto, que, na escola, o aluno tenha oportunidades para desenvolver o seu letramento, isto é, "o estado ou condição de quem não só sabe ler e escrever, mas exerce as práticas sociais de leitura e de escrita que circulam na sociedade em que vive, conjugando-as com as práticas sociais de interação oral" (SOARES, 2002, p. 3).

TODOS PODEM PARTICIPAR, TODOS PODEM APRENDER

Para que a aprendizagem possa ocorrer, é necessário que sejam criadas condições para que os participantes se alinhem e se orientem para objetivos coordenados. Não necessariamente são objetivos compartilhados por todos, nem em toda a extensão, mas que permitam que diversos interesses sejam perseguidos, prevendo divisão de tarefas. Entendemos, assim, que, para construir, juntos, uma comunidade colaborativa de aprendizagem, é necessário participar para aprender, e participar de maneiras variadas que sejam relevantes para a construção de conhecimento. Nesse sentido, é necessário pensar nas expectativas que temos sobre o que vamos considerar como participação relevante em sala de aula.

Diagrama 1

As expectativas de participação para construir a aprendizagem dependem do que entendemos por participar em aula, do que projetamos como participação nas tarefas pedagógicas e do que os participantes forem tornando relevante durante as atividades

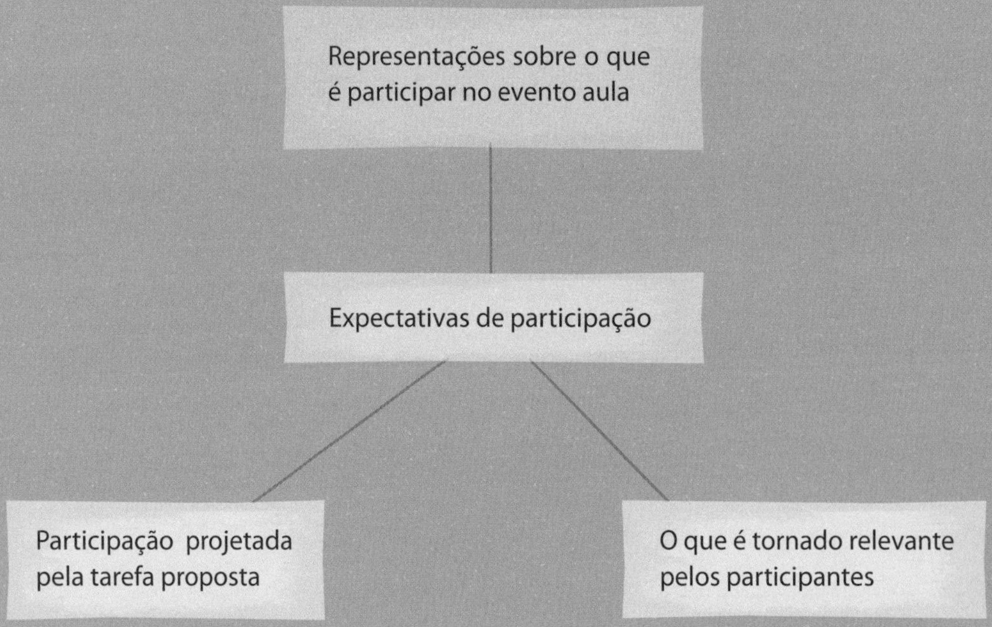

Representações sobre o que é participar no evento aula

Expectativas de participação

Participação projetada pela tarefa proposta

O que é tornado relevante pelos participantes

Em vários contextos escolares, continua havendo uma expectativa de que a participação adequada para aprender em sala de aula significa todos os alunos envolvidos na mesma atividade, sentados e quietos, ou falando de maneira ordenada (um de cada vez) quando solicitados, copiando do quadro e respondendo perguntas feitas pelo professor (um de cada vez). Em outros contextos, pode ser que a expectativa seja a de alunos colaborativos que participem de trabalhos em grupo de maneira organizada e silenciosa ou ainda de alunos que se engajem em todas as propostas do professor com entusiasmo. Muitas vezes, no entanto, a realidade que encontramos é de aulas que podem ser muito diversas e, por termos expectativas diferentes, não as consideramos como um contexto ideal ou mesmo possível para a aprendizagem.

Se numa tarefa pedagógica projetamos uma participação em duplas ou em pequenos grupos para a escrita coletiva de um texto, por exemplo, esperamos que os alunos se engajem nessa construção através de contribuições para essa meta. Isso não significa que todos precisem ficar quietos em sala de aula, mas significa que, mesmo cantarolando, levantando ou conversando, também haja um foco nessa direção e que, ao longo de um determinado tempo, podemos avançar na tarefa proposta e construir conhecimentos, porque todos se orientam para isso. E o que entendemos por participar não quer dizer simplesmente falar para figurar na aula, mas sim contribuir de maneira crítica, criativa e atuante, o que pode ser feito de diversas maneiras, até mesmo por estudantes que, por razões de personalidade, pouco falam na discussão conjunta em sala de aula. Critérios de avaliação expressos e discutidos, conforme discutimos em detalhe no capítulo 4, servem para esclarecer e evitar uma compreensão pouco produtiva do que seja participar.

Mesmo que a necessidade de respeito mútuo e de organização dos participantes para construir aprendizagem seja reconhecida também pelos alunos, eles podem se recusar a empreender o esforço para construir e garantir esse respeito e essa organização. Numa aula que lhes parece ter pouco a dizer em termos de promover oportunidades significativas de aprendizagem, qualificar suas vidas e lidar com problemáticas desafiadoras, eles não têm por que se esforçar. Havendo esse vácuo, as demandas de socialização, de conquistas de espaço e de afirmação pessoal no grupo se impõem e ocupam a pauta, seja de modo implícito, pela indiferença às tarefas pedagógicas, ou explicitamente pelo alheamento em outras atividades, às vezes chegando ao desacato e à violência. Ao simplesmente esperarmos um determinado comportamento dos alunos sem o qual, na nossa perspectiva, não se poderia ensinar, é como se quiséssemos dizer: para que você possa aprender o que temos para ensinar, você precisa esquecer quem você é! Como podemos exigir que nossos alunos sejam menos do que são? Como ignorar o que os move e o que os preocupa? Por que não começar exatamente problematizando essas questões e relacionando-as com o que pode fazer avançar os seus conhecimentos e suas perspectivas?

Outra experiência de sucesso em mobilizar uma turma de alunos para o trabalho em uma comunidade colaborativa de aprendizagem que acompanhamos foi de um projeto de estágio supervisionado de docência desenvolvido em um sexto ano de uma escola pública. Os alunos produziram um *trailer* de um filme de terror usando uma máquina fotográfica digital. No projeto intitulado *Panic at school*[3], os alunos estudaram cenas de filmes de terror em inglês e português, discutindo características comuns desses filmes, aprenderam sobre diferentes personagens e cenários típicos e fizeram um inventário de expressões utilizadas em inglês nesses filmes. Para criar seu próprio filme, cada aluno criou seu *storyboard*, imaginando cenários, personagens e um roteiro básico. Após uma decisão coletiva sobre o roteiro e a locação do filme (a própria escola), estudaram canções em inglês para selecionar a trilha sonora, produziram pequenos diálogos que iriam encenar e organizaram a produção (figurino, maquiagem, cenário). Durante a edição, deram-se conta de que, para que os colegas das outras turmas entendessem as falas, era necessário fazer legendas em português (no YouTube, procure o vídeo "Panic at School"). A sessão organizada para todas as outras turmas de sexto ano foi um sucesso completo, com a turma sendo aplaudida no final.

A partir dessa experiência, muitos foram os sentidos que a aula de Inglês passou a ter para os estudantes. Ao examinar sistematicamente os filmes de terror, ao mesmo tempo em que encontraram espaço para tematizar os medos, questão em geral premente e relevante na faixa etária da turma, esses alunos puderam vislumbrar o planejamento necessário para uma produção cinematográfica ao se colocarem no lugar de roteiristas. Puderam também tomar consciência dos usos que já faziam da língua inglesa, por exemplo, nas canções que trouxeram para a sala de aula como candidatas para a trilha sonora. Submetidas a criteriosa avaliação, o que por sua vez exigiu que fossem compreendidas, para que a turma então deliberasse qual seria mais adequada para o filme, essas canções foram valorizadas e adquiriram novos sentidos. Partindo da observação do que ouviam nos filmes para compor as falas, eles passaram a usar expressões em inglês no seu cotidiano da própria sala de aula de Inglês (*Oh, my Gosh, I´m ready, Are you sure?*).

Desse modo, o cotidiano e o cenário da escola adquiriram novos sentidos e valores a partir de uma nova perspectiva e proposta de ação. Engajados no projeto conjunto, mas se responsabilizando por tarefas diferentes, conseguiram juntos aprender e participar em inglês. Assim afirmados por falar e escrever em inglês, decidiram também traduzir as falas em legendas para os espectadores que ainda não podiam transitar nessa língua. A necessidade de respeito mútuo e de organização para construir aprendizagem não apenas foi reconhecida pelos alunos, mas o esforço para construir e garantir esse respeito e essa organização surgiu por autorregulação entre eles ao se engajarem de fato no projeto. O que

3. Desenvolvido pelo professor Valter Henrique Fritsch em uma escola de ensino fundamental da rede pública estadual do Rio Grande do Sul, em 2009.

há para ser aprendido em relação ao vocabulário e à gramática de língua inglesa assim é aprendido para participar em inglês de um contexto relevante para os alunos: faz sentido tratar de terror no contexto escolar, faz sentido construir um diálogo e memorizá-lo, faz sentido entender a letra de uma canção (mesmo no princípio não gostando dela, pois entender podia ser importante para desqualificá-la em favor de outra escolha), faz sentido tentar entender um filme em inglês para compor as falas do filme da turma, tudo isso porque o desafio assumido demanda aprendizagens – inclusive de recursos linguísticos. E faz muito sentido ter um produto final para mostrar o que se é capaz de dizer e fazer, e daí contar como esse produto foi produzido e o que foi aprendido.

Interessa discutir aqui também as representações que aparecem no próprio *trailer* dos alunos sobre as práticas de sala de aula. No cotidiano das aulas durante o desenvolvimento do projeto, entravam na sala correndo e gritando. Durante as aulas, muitas vezes criando sérias dúvidas ao professor quanto à possibilidade de o projeto chegar a termo, levantavam, caminhavam, conversavam, cantavam, gritavam e, no meio disso tudo, trabalhavam. No entanto, ao representarem a entrada da turma na sala de aula, filmaram a si próprios entrando em silêncio e sorrindo, com as mochilas nas costas, cada um se dirigindo ordenadamente para a sua carteira, onde imediatamente sentaram. Entendemos que é importante tratar dessas representações, problematizando-as, refletindo sobre elas, e sugerimos que essa questão seja levantada nas primeiras aulas com uma tarefa, por exemplo, de os alunos escreverem um pequeno texto descrevendo uma aula típica de línguas, ou uma aula boa ou ruim, para apresentar aos colegas. O debate sobre essas representações pode ser um ótimo ponto de partida para combinar com eles o que é e o que não é esperado dos participantes em uma aula de Língua Adicional e já ensinar e aprender perguntas e instruções de sala de aula na língua adicional: *What does ..... mean? How do you say... in English? Any questions? Get together in groups of four. Please, take your seats.*

Outra questão fundamental para a aprendizagem é poder trocar ideias, compartilhar dúvidas, buscas, avanços. O trabalho individual de engajar-se, concentrar-se, orientar-se para o que é foco do ensino, é necessário, mas nada disso faz sentido sem o uso desse conhecimento com o outro. É nas relações sociais e nas práticas de uso da linguagem que atualizamos o conhecimento e o tornamos relevante. É dessa maneira que nos damos conta com o outro e vamos sistematizando o que estamos aprendendo. Isso quer dizer que práticas de sala de aula que priorizam ler, escrever, interagir, criar e resolver problemas usando **também a língua adicional** são importantes: a aprendizagem resulta de atividades pedagógicas desenvolvidas na interação, através do trabalho conjunto dos participantes, para realizar ações tornadas relevantes por eles nos contextos e nas inter-relações que estão construindo em cada aqui-e-agora dos encontros pedagógicos.

Numa comunidade colaborativa de aprendizagem, portanto, os participantes se orientam para permitir e exigir a participação de todos tanto na tomada de decisões quanto na busca pelas aprendizagens necessárias para construir o que foi decidido coletivamente. E nessa perspectiva, **sucesso na aprendizagem** significa envolver-se em atividades de aprendizagem e ser capaz de interagir cada vez mais afirmadamente em diferentes práticas sociais das quais se deseja participar usando os recursos de expressão que a comunidade de práticas prefere ou exige. Em uma aula prevista para o desenvolvimento do projeto *Bem na foto*, que vamos apresentar e discutir no próximo capítulo, a proposta é produzir um comentário sobre fotos que ilustram as condições de saneamento de outras partes do mundo e da própria comunidade. Isso significa, por exemplo, ser capaz de acessar a página de internet onde estão postadas as fotos e expressar sua opinião sobre uma foto e sobre o que a imagem retrata, usando recursos expressivos adequados ao propósito e aos interlocutores projetados (falantes de inglês de diferentes partes do mundo).

Resumindo, aprender significa ser atuante já, no aqui-e-agora do evento aula, e isso envolve participar em um mundo que se faz na língua inglesa ou mesmo em português, mas a partir da língua inglesa – e para isso, pensamos que as atividades a serem desenvolvidas, como veremos mais adiante, sejam constantes oportunidades para a prática: em vez de notícias sobre o conhecimento a ser aprendido, o uso do conhecimento para resolver desafios para os quais avanços são necessários, justificando, assim, a busca por novos saberes.

Notícias sobre o conhecimento a ser aprendido:
Hoje vamos aprender a conjugação de verbos no presente.

→

Uso do conhecimento para resolver desafios:
Hoje vamos aprender a conjugação de verbos no presente para poder expressar nossa opinião sobre fotos postadas no *site* das Nações Unidas.

Quais as implicações de optar por metas de educação linguística e letramento e de assumir a complexidade das características da sala de aula contemporânea para as decisões curriculares e para as práticas de sala de aula? Sabemos que várias contingências atravessam o universo da sala de aula e que a busca por uma coerência entre elas é um dos desafios a enfrentar no cotidiano escolar para termos um ambiente propício para a aprendizagem. O Diagrama a seguir apresenta alguns dos componentes que constroem a complexidade do processo ensino-aprendizagem.

Diagrama 2

O SUCESSO DO PROCESSO ENSINO-APRENDIZAGEM DEPENDE DE VÁRIOS ELEMENTOS INTERLIGADOS

Cada um dos elementos interage com os demais e tem implicações para o nosso fazer ensino e aprendizagem. A experiência prévia dos alunos com textos escritos e os valores atribuídos à escola e à leitura, por exemplo, terão implicações em todos os demais componentes: ter ou não tido experiências significativas com textos escritos (ouvir a leitura de histórias infantis, acompanhar a liturgia de uma cerimônia religiosa, entre outras) trará diferentes pressupostos e demandas ao que será feito em sala de aula. As exigências externas atualmente manifestas nas avaliações de larga escala (Provinha Brasil, SAEB/Prova Brasil, IDEB, ENEM, ENCCEJA, Vestibulares, PISA, etc.) exigem atenção dos educadores e demais participantes. São demandas atuais do sistema educacional brasileiro às quais estão atrelados benefícios como, por exemplo, verbas da União para a escola, ingresso na universidade, obtenção de emprego, tendo consequências para o planejamento de tarefas, a seleção de textos, a avaliação, as práticas de sala de aula, entre outros.

Conforme indicamos no convite feito no início deste capítulo, é importante que os educadores busquem conhecer os diferentes aspectos que fazem parte do contexto de aprendizagem. Isso também inclui inteirar-se em primeira mão desses exames para ter em conta que eles exigem cada vez mais a demonstração de capacidade de reflexão pela integração de informações. Assim, se as práticas de sala de aula utilizadas por um determinado professor são prioritariamente de leitura em voz alta e cópia, poucas serão as chances de um aluno socializado somente nessas práticas na escola ter sucesso em diversas situações da vida cotidiana que exigem boa proficiência em leitura: por exemplo, selecionar o que é relevante ler no jornal e saber distinguir fato e opinião, acompanhar as legendas em um filme falado em outra língua, exigir melhores condições de trabalho, compreender a complexidade das informações para ler e responder adequadamente às questões de exames de avaliação do rendimento escolar.

METAS E COMPROMISSOS DO CURRÍCULO DE LÍNGUAS ADICIONAIS:

PROMOVER A INTERDISCIPLINARIDADE E PARTICIPAR EM CONTEXTOS QUE ACONTECEM TAMBÉM EM INGLÊS

As aulas de Línguas Adicionais podem servir como excelente laboratório de encontros com a diversidade, construindo pontes entre os conhecimentos desenvolvidos na discussão temática dos demais componentes curriculares ao mesmo tempo em que fortalecem a educação linguística em Língua Portuguesa e Literatura. Os discursos em espaços mais amplos de construção de identidades, de ação e de participação no mundo do conhecimento se organizam com base em textos nas línguas adicionais e muitas vezes nas próprias línguas adicionais, e para nenhuma língua adicional isso é mais verdade do que para o inglês.

Assim, para as temáticas exemplares – **Ambiente** e **Identidades** –, vamos propor discussões focando certos gêneros do discurso que propiciam o engajamento com esses temas para desafios de participação mais alargada. Para tanto, será necessário mobilizar recursos expressivos, que serão apresentados aos alunos em tarefas preparatórias e de desenvolvimento de habilidades para que possam se situar, se informar, refletir, criar e resolver problemas em projetos de ação imediata ou de preparação para a cidadania. Ao encontrarem espaço para tratar de temáticas relevantes enquanto se aventuram por novos modos e meios de expressão materializados na língua adicional, os estudantes vão assim contemplando novos horizontes de participação possível. Ao experimentarem os recursos disponíveis na língua adicional em novos espaços de aprendizagens, amplia-se imediatamente sua capacidade de ação nos demais componentes curriculares, com retornos também em termos de participação na comunidade escolar, nas comunidades locais e além delas.

Essa organização do trabalho escolar não é inteiramente nova, pois projetos vêm há muito sendo realizados nas nossas escolas, ainda que muitas vezes como atividades complementares e isoladas, muitas vezes extracurriculares, em Clubes de Artes e oficinas de alguma habilidade, ou preparação para eventos especiais e certames como Feira de Ciências, *Show* de Talentos ou Olimpíadas. O que talvez seja de fato inovador no que estamos propondo aqui é tornar curricular o trabalho de projetos interdisciplinares.

No próximo capítulo, apresentamos uma proposta de organização curricular que tem como objetivo a educação linguística e o letramento. Orientam essa proposta a concepção de aprendizagem como conquista do trabalho conjunto na busca pelo que é relevante para os participantes e a convicção de que esse trabalho pode ser grandemente beneficiado por uma atitude interdisciplinar, conforme discutido no capítulo 1. Como veremos, a proposta pode ser comum aos componentes curriculares de Língua Portuguesa e Literatura e de Línguas Adicionais, mas também pode orientar a organização dos demais componentes curriculares em toda a extensão de um currículo interdisciplinar.

capítulo 3

A CONSTRUÇÃO DE BOAS PRÁTICAS: UM COMPROMISSO DE TODOS OS PARTICIPANTES

Neste capítulo, discutimos propostas de organização curricular em projetos interdisciplinares de ensino e aprendizagem em torno dos temas **Identidades** e **Ambiente**. Desenvolvemos o planejamento detalhado de um projeto para turmas de 7º ano sobre "saneamento", com sugestões para a seleção de textos e para a elaboração de tarefas que criam oportunidades para que o estudante possa lidar com textos na língua adicional, se situar, se informar, refletir, criar e resolver problemas em projetos de ação imediata ou de preparação para a cidadania. A ideia é criar oportunidades concretas para os alunos experimentarem os recursos disponíveis na língua adicional em novos espaços de aprendizagens, ampliando sua capacidade de ação nos demais componentes curriculares, com retorno também em termos de participação na comunidade escolar, nas comunidades locais e além delas.

OBJETIVO: APRESENTAR UMA POSSIBILIDADE DE CONSTRUÇÃO DO CURRÍCULO DE LÍNGUAS ADICIONAIS/INGLÊS INTEGRADO COM OUTROS COMPONENTES CURRICULARES, DESTACANDO UMA METODOLOGIA APOIADA EM EIXOS TEMÁTICOS, GÊNEROS DO DISCURSO E PROJETOS PEDAGÓGICOS E DETALHANDO PLANEJAMENTO E EXECUÇÃO DE PROJETOS TEMÁTICOS (**IDENTIDADES** E **AMBIENTE**) CAPAZES DE PROMOVER APRENDIZAGEM E ORGANIZAR UMA PROGRESSÃO CURRICULAR.

- Construindo um **currículo** de Línguas Adicionais **integrado** com outros componentes curriculares;

- Critérios para a construção de uma proposta de currículo: eixos temáticos, gêneros do discurso e projetos pedagógicos;

- O planejamento do projeto ***Bem na foto***;

- O **currículo na prática**: ler o mundo e participar dele.

CONSTRUINDO UM CURRÍCULO DE LÍNGUAS ADICIONAIS INTEGRADO COM OUTROS COMPONENTES CURRICULARES

No capítulo anterior, convidamos você a refletir conosco sobre as metas e os compromissos do currículo de Línguas Adicionais: promover o autoconhecimento, o letramento e a interdisciplinaridade para participar de discursos que se organizam a partir da escrita em português e em inglês. Entendemos que as aulas de Línguas Adicionais podem servir como encontros de preparação para a diversidade, construindo pontes entre os conhecimentos na discussão temática dos demais componentes curriculares ao mesmo tempo em que fortalecem a educação linguística em Língua Portuguesa e Literatura.

Neste capítulo, apresentamos uma proposta de organização curricular para as temáticas **Ambiente** e **Identidades**, aprofundando a discussão a partir de uma ilustração de um projeto da primeira temática, mais especificamente tratando da problematização de "saneamento" no projeto de ensino e aprendizagem para turmas de 7º ano, intitulado *Bem na foto*. Com esse intuito, apresentamos sugestões com vistas à seleção de gêneros do discurso que poderiam propiciar o engajamento com esse tema em desafios de participação mais alargada. Na ilustração feita mediante a apresentação do projeto *Bem na foto*, formulamos tarefas que criam oportunidades para o desenvolvimento de habilidades necessárias para que os estudantes possam se situar, se informar, refletir, criar e resolver problemas em projetos de ação imediata ou de preparação para a cidadania. A proposta de planejamento curricular e o exemplo de projeto apresentados configuram oportunidades concretas para os alunos experimentarem os recursos disponíveis na língua adicional em novos espaços de aprendizagens, ampliando sua capacidade de ação nos demais componentes curriculares, com retornos também em termos de participação na comunidade escolar, nas comunidades locais e além delas.

A organização tradicional de um currículo de ensino de línguas em geral se pauta pelas formas e estruturas linguísticas da língua, seja seguindo de perto o sumário de um compêndio de descrição gramatical da língua-alvo, como era comum até meados do século XX, seja em modelos mais recentes em que funções ou formas ditas comunicativas são enfatizadas. Nessa maneira de apresentar o conteúdo, o propósito do ensino de Línguas Adicionais é o conhecimento sobre a língua ou o conhecimento das formas expressivas que a compõem. Parte-se de formas isoladas para formas compostas e daí para textos e usos, ou seja, o pressuposto é que precisamos primeiro aprender as formas de expressão da língua para, depois, usá-las.

Estruturas linguísticas (gramática, vocabulário, pronúncia) ou funções comunicativas → Textos e usos da língua em que as estruturas e funções são usadas

Na proposta que fazemos aqui, entretanto, a apresentação (ou não) de formas e estruturas linguísticas dependerá das demandas surgidas no enfrentamento dos textos e atividades de resolução de problemas em projetos de ensino e de aprendizagem. Assim, essas formas e estruturas linguísticas são vistas como recursos expressivos para fazer isso ou aquilo. Quando isso ou aquilo surge como demanda, saberemos como apresentar os recursos linguísticos relevantes. A apresentação e o estudo desses itens terão razão de ser não porque sabemos que eles são constituintes da língua, mas porque nossos alunos vão vê-los como recursos necessários para executar as tarefas que propomos para enfrentar os textos relevantes e assim dar conta dos temas que acordamos com eles serem de interesse.

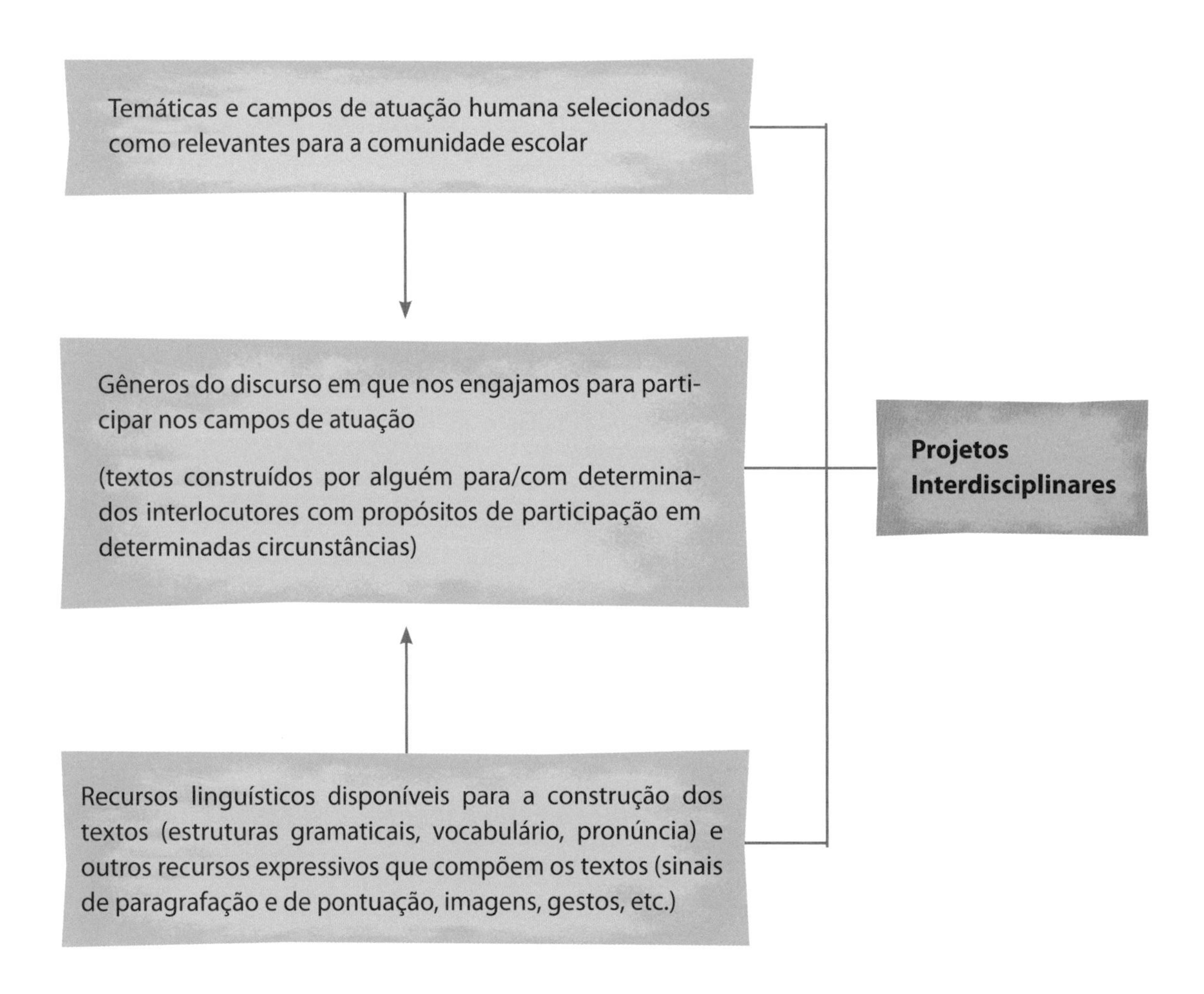

Conforme afirmamos anteriormente, não é nova a proposta de trabalho com projetos pedagógicos partindo de temáticas relevantes para os alunos e que propõem sua participação alargada na comunidade escolar e fora dela. O novo que estamos propondo aqui é que os textos que figuram em diferentes campos de atuação humana sirvam de ponto de referência para a organização curricular e para o planejamento dos estudos, com os recursos linguísticos tratados conforme se mostrem relevantes para esse fim. Também é inovador tornar curricular o trabalho de projetos interdisciplinares, ou seja, estamos propondo um currículo e práticas de sala de aula com base em uma pedagogia de projetos para o ensino fundamental além dos anos iniciais. Isso demanda questionar e refletir sobre uma escola que segue padrões de divisão e organização de conhecimentos historicamente construídos e sedimentados e que, face ao mundo e às metas educacionais contemporâneas, precisa ser redimensionada para que reafirme a sua função social de possibilitar mudanças.

CRITÉRIOS PARA A CONSTRUÇÃO DE UMA PROPOSTA DE CURRÍCULO: EIXOS TEMÁTICOS, GÊNEROS DO DISCURSO E PROJETOS PEDAGÓGICOS

A seguir, apresentamos, através da discussão de quatro quadros, como podemos organizar uma progressão curricular de projetos interdisciplinares do 6º ao 9º anos do ensino fundamental e como podemos fazer um planejamento das etapas necessárias para o desenvolvimento desses projetos em sala de aula. Sugerimos que, a partir daqui, você acompanhe o texto analisando os quadros apresentados nas páginas 78 a 85. Os Quadros 4A e 4B e 5A e 5B apresentam, respectivamente, uma possível progressão de estudos e o planejamento geral para o desenvolvimento dos projetos para os eixos temáticos **Ambiente** e **Identidades**. Convidamos você a analisar os quadros, discutindo três questões:

→ como decidimos e organizamos o que é interdisciplinar e o que é disciplinar?

→ por que usar gêneros do discurso para dar concretude à progressão curricular e ao plano de estudos?

→ por que optar por projetos pedagógicos para planejar o percurso de aprendizagem?

Eixo temático interdisciplinar e recorte disciplinar: focos diferentes para cada ano escolar

Os Quadros 4A e 5A ilustram como podemos organizar uma progressão de planos de estudos em Línguas Adicionais num currículo interdisciplinar. As decisões quanto ao eixo temático e à problematização geral (construída em conjunto com o mapa conceitual, conforme relatamos no capítulo 1) são o ponto de partida para a seleção de um ou mais textos que podem ser de interesse geral da escola. Os textos de interesse geral são selecionados porque podem provocar o debate sobre a temática e porque podem revelar conhecimentos que devem ser aprendidos pelo educando. A percepção do que precisa ser aprendido estabelece determinados pontos de chegada para diferentes componentes curriculares, anos escolares e períodos do calendário escolar. Como você poderá notar, no eixo temático **Ambiente**, o esforço coletivo dos autores desta coleção reuniu todos os componentes curriculares: partindo do mesmo eixo temático, foram selecionados uma mesma problematização ("Saneamento básico: qual é o nosso papel nesse debate?") e um texto como ponto de referência comum (o curta-metragem *Ilha das Flores*). Em **Identidades**, a parceria se estabeleceu entre alguns componentes curriculares (Educação Física, Línguas Adicionais e Língua Portuguesa e Literatura), que optaram por discutir a questão a partir do futebol como eixo temático comum e da construção coletiva da problematização pelas indagações: "Quais as identidades que podem trazer problemas no cotidiano social? Quando a identidade é um problema?".

A partir dessas decisões conjuntas, cada componente curricular decidiu quais problemáticas disciplinares específicas iria abordar a fim de contribuir para a discussão geral. No nosso caso, o que, na Língua Adicional, o educando pode aprender para lidar melhor com a problemática geral articulada pela escola? Isso quer dizer que várias perspectivas, mobilizando conhecimentos específicos da área de cada um, interagem para propiciar uma visão ampliada e informada ao educando em relação à problematização feita[1]. Diferentes conhecimentos disciplinares fundamentam a leitura aprofundada do filme *Ilha das Flores* (no caso do eixo temático **Ambiente**) e a compreensão de problemas cotidianos que envolvem identidades (no nosso caso, em campos de atuação relacionados a futebol). A articulação desses conhecimentos específicos potencializa tanto a compreensão das temáticas quanto a participação crítica, criativa e atuante do educando no seu próprio mundo.

Tendo apresentado a etapa que poderíamos chamar aqui de decisões interdisciplinares gerais (eixo temático e problematização e, em alguns casos, também textos comuns), vamos nos debruçar sobre o que é específico para cada componente curricular, levando em conta que estamos assumindo também como compromisso das Línguas Adicionais promover a interdisciplinaridade e, portanto, o contato com colegas para possíveis projetos conjuntos. Com base em nossa experiência anterior com a equipe de Língua Portuguesa e Literatura[2] e do compromisso de educação linguística assumido por ambos os componentes curriculares, decidimos novamente unir esforços para construir projetos pedagógicos que pudessem potencializar e complementar oportunidades de aprendizagem para nossos alunos. A equipe de Língua Portuguesa e Literatura se responsabilizou por iniciar um dos quadros aqui apresentados, e nós, o outro, e assim, conversando, ajustando, trocando ideias e preocupações, fomos juntos construindo o que poderia ser um plano de estudos interdisciplinar para os quatro anos finais do ensino fundamental para cada um dos eixos temáticos[3].

Conforme sugerimos no capítulo 2, pensar num projeto que seja relevante para engajar os educandos exige conhecer quem são os alunos, como aprendem, quais são os problemas que enfrentam, quais participações a escola deve problematizar e oportunizar como aprendizagens (confira Quadros 1 e 2, capítulo 2). Da mesma maneira, pensar na duração de cada projeto deve ser uma decisão que leva em conta o planejamento anual da escola e do componente curricular, e os objetivos específicos e as etapas dos projetos que serão desenvolvidos. Pensando nisso, convidamos você a conhecer como organizamos essas questões em conjunto e a analisar como o componente curricular de Línguas Adicionais pode assumir um papel integrador em um currículo interdisciplinar[4].

Nos Quadros 4A e 5A você pode conferir o que pensamos como possibilidades para os quatro anos do ensino fundamental em relação a **Ambiente**/Saneamento e a **Identidades**/Futebol. Em ambos os casos,

1. Sugerimos que você consulte os volumes das demais disciplinas desta coleção para poder visualizar na prática como essa relação pode ser estabelecida através dos conhecimentos específicos que cada uma aborda.

2. Trabalhamos com Ana Mariza Filipouski, Diana Maria Marchi e Luciene Juliano Simões na elaboração dos Referenciais Curriculares do Estado do Rio Grande do Sul (2009).

3. Por razões de espaço, os quadros apresentados aqui referem-se somente a Línguas Adicionais/Inglês. Como eles foram construídos em conjunto, sugerimos fortemente que a análise dos quadros seja feita em conjunto com os professores de Língua Portuguesa e Literatura (que podem acompanhar esta mesma discussão no capítulo 3 do volume de Língua Portuguesa e Literatura desta coleção).

4. Sugerimos que converse com colegas de outras disciplinas e que leia o capítulo 3 de disciplinas de seu interesse desta coleção, para poder dimensionar o papel das Línguas Adicionais levando em conta algumas outras propostas (e oportunamente todas) nos eixos temáticos discutidos.

apresentamos uma progressão para os diferentes anos escolares, planejando diversas participações dos educandos em projetos que problematizam as questões de acordo com a maturidade dos participantes.

Por exemplo, para compreender a complexidade do filme *Ilha das Flores*, objetivo comum de todos os componentes curriculares no eixo temático **Ambiente**, no 6º ano, focalizamos a compreensão do próprio problema trazido pelo filme: como sou afetado e de que modo sou responsável pelas condições de saneamento em que vivo? A proposta é lidar com essa problematização através de histórias em quadrinhos da Turma da Mônica, em inglês, que trazem a relação dos personagens com poluição, coleta de lixo e água. A partir disso, o projeto prevê construir um convite (convite pessoal e/ou cartaz) para as outras turmas que estudam inglês assistirem a uma peça, que será montada nas aulas de Língua Portuguesa e Literatura[5]. No 7º ano, o foco está nos efeitos de sentido das imagens do filme. Propomos primeiro refletir sobre imagens como instrumentos para revelar e denunciar as condições de saneamento ao redor do mundo e a seguir participar de uma campanha mundial (Dia da Água) com a postagem de fotos de seu próprio bairro ou cidade em um álbum virtual "Water for cities: responding to the urban challenge", respondendo a um convite no *site* da Organização das Nações Unidas (ONU). No 8º ano e no 9º ano, respectivamente, a atenção volta-se para a representatividade das informações trazidas pelo filme e a relação feita entre questões ambientais e direitos sociais básicos. Para essas discussões, sugerimos o levantamento de dados sobre as condições de saneamento da localidade e a elaboração de um painel com os resultados dessa pesquisa para o 8º ano. Para o 9º ano, planeja-se o visionamento de outros filmes que tratam sobre o tema para a produção de um *trailer* ou um breve documentário sobre o saneamento na localidade.

O mesmo acontece com o tema **Identidades**/Futebol. Como já referimos antes, a decisão pelo foco no mundo do futebol foi tomada em conjunto pelos componentes curriculares de Educação Física, Línguas Adicionais e Língua Portuguesa e Literatura. O interesse comum se justifica por vários motivos: é paixão nacional, é um esporte de acesso a todos, move vários setores econômicos no país e no mundo, faz parte fortemente do imaginário de "ser brasileiro", é o esporte que forma e projeta a imagem do Brasil no exterior, é um dos meios de ascensão social mais salientes (e ilusórios) no país. Para cada uma dessas razões poderíamos levantar compromissos da escola: o que é o mundo do futebol? O que é o futebol? Todos entendem de futebol? Quem são todos? Por exemplo, as meninas estão incluídas? Que funções sociais estão relacionadas com o futebol e qual é a inserção dessas pessoas na sociedade? Em que contextos o Brasil se beneficia de ter sua imagem associada tão fortemente ao futebol? Como é construída e quem se beneficia da indústria do futebol? Partindo do pressuposto de que construir reflexões que dão respostas a perguntas como essas é compromisso da escola e movidos sempre pela atualidade de debates públicos na área, os componentes curriculares de Educação Física, Línguas Adicionais e Língua Portuguesa e Literatura decidiram problematizar questões de identidade nesse campo de atuação.

5. O projeto proposto para a Língua Portuguesa e Literatura no 6º ano é, após a leitura de textos literários que tratam da relação de diferentes pessoas com o lixo, criar "um texto para teatro que permita a simbolização e a expressão de tensões relacionadas ao ambiente na vida dos alunos" (Quadro 1 – Ambiente, p. 64). Isso não quer dizer que cada uma das disciplinas não poderia trabalhar independentemente (se assim o desejasse), mas existe a possibilidade de trabalharem juntas na mesma direção.

O Quadro 5A apresenta as linhas gerais dos projetos que planejamos para os quatro anos do ensino fundamental sobre o futebol. A proposta comum a todos os anos é a navegação no *site* da FIFA, sendo que, para isso, é necessário conhecer esse ambiente virtual (o que implica desenvolver letramento digital para quem não está familiarizado com essas práticas), cadastrar-se, entender o que é noticiado e conhecer as possibilidades de participação. No 6º ano, o foco está em conhecer a projeção do futebol no mundo, entender como os times e jogadores brasileiros estão representados no contexto mundial e ler e escrever comentários relacionados a isso. No 7º ano, a proposta é refletir sobre as regras do futebol e responder a questionários propostos no *site*, relacionando o futebol com a vida dos educandos em uma apresentação sobre isso para colegas dos outros anos em PowerPoint. O 8º ano tem como objetivo problematizar o futebol como paixão nacional e as identidades clubísticas e produzir um vídeo sobre o futebol na escola. Para o 9º ano, a proposta é discutir a relação do futebol com o dinheiro, promovendo comparações de investimentos no futebol e em outras áreas no Brasil, para dar consistência a protestos que poderiam ser feitos durante a Copa do Mundo de 2014.

As Figuras 1 e 2, a seguir, ilustram o que é comum e o que é específico de cada ano. Para **Ambiente**/Saneamento, toda a escola em alguma medida trabalha com o filme *Ilha das Flores*. Cada um dos anos focaliza determinadas questões e lida com diferentes textos, e os resultados dos projetos desenvolvidos podem ser, assim, compartilhados com todos, valorizando os conhecimentos aprendidos, que agora podem ser ensinados por eles próprios aos colegas de outros anos. Dessa forma, todos podem participar e todos podem crescer com base no que eles próprios e os colegas de outras turmas pesquisaram e construíram.

Figura 1
Gêneros estruturantes nos projetos sobre saneamento

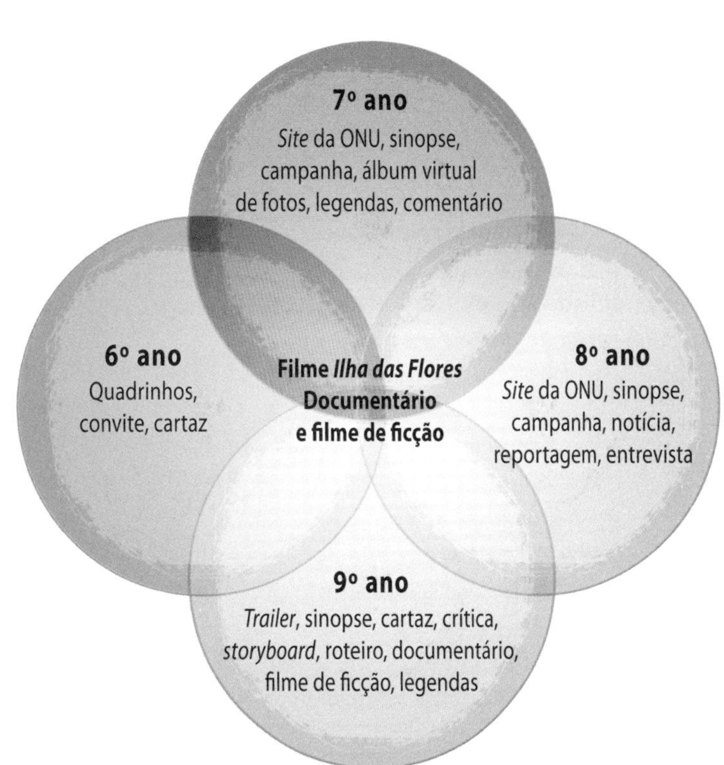

FIGURA 2
GÊNEROS ESTRUTURANTES NOS PROJETOS SOBRE FUTEBOL

Optamos por problematizar textos e questões específicas em cada um dos anos pensando na maturidade dos alunos e procurando tornar mais exigente as habilidades tanto de compreensão quanto de produção para lidar com as condições de produção e de recepção dos gêneros do discurso propostos. Ler e produzir notícias, no 8º ano do planejamento do eixo temático **Ambiente**/Saneamento, por exemplo, envolvem um trabalho linguístico, conhecimentos de fatos e de relações entre pessoas e órgãos públicos que exigem determinada maturidade dos alunos. É claro que fazemos aqui essa progressão de modo abstrato, sem conhecer os participantes com os quais você interage situadamente, como professor da turma. Sendo conhecedor do seu contexto de atuação, você saberá com quais textos os alunos estão maduros para lidar. Lembramos novamente que o fato de eles não terem nunca se dedicado a desenvolver um projeto semelhante não quer dizer que eles não estejam maduros para se envolver, considerando todas as outras coisas que já fazem em suas vidas e que você estará atento em conhecer e em potencializar nas aulas de Língua Adicional.

Tendo decidido os gêneros do discurso que serão foco de cada ano, porque esses são alguns dos textos relevantes para a participação em um campo de atuação importante para o enfoque da temática do projeto, é necessário decidir quais textos específicos serão foco das tarefas em sala de aula (**gêneros do discurso estruturantes**) e quais serão textos utilizados para ampliar ou aprofundar a compreensão das questões problematizadas, ou para trazer suporte técnico ao trabalho planejado, ou, ainda, que podem ser usados para um trabalho mais extensivo ao longo do desenvolvimento do projeto ou além dele (**gêneros do discurso de apoio**).

Os gêneros estruturantes serão o foco do ensino e da avaliação. É a partir deles que decidimos os conteúdos específicos que serão focalizados no desenvolvimento do projeto. Conforme afirmamos acima, nossa lista de conteúdos se distingue da lista tradicional de itens gramaticais e de vocabulário, porque inclui três dimensões de **competências nucleares** que são explicitadas nos objetivos do projeto (Figura 3).

As competências nucleares estão relacionadas ao autoconhecimento, ao letramento e à interdisciplinaridade. Em ambos os Quadros (4A e 5A), indicamos objetivos específicos de cada projeto em relação a essas três dimensões, sendo que na dimensão de interdisciplinaridade levantamos algumas questões que poderiam estar implicadas no trabalho com os colegas educadores das outras áreas do saber escolar. Dessa maneira, indicamos como as aulas de Línguas Adicionais podem contribuir para valorizar os conhecimentos cultivados nos outros componentes curriculares ou subsidiar o desenvolvimento de projetos interdisciplinares. Veja, por exemplo, que para o projeto do 7º ano (*Bem na foto*, apresentado mais adiante), os alunos vão interagir com fotos de diversas partes do mundo em um álbum virtual e contribuir para esse álbum com suas próprias fotos para mostrar as condições de saneamento de sua localidade. Esse trabalho pode ganhar em qualidade e aprofundamento, por exemplo, com aulas de fotografia nas Artes Visuais ou conhecimentos de Geografia e de História para a compreensão do que está retratado nas fotografias.

FIGURA 3
OBJETIVOS DO PROJETO EM LÍNGUAS ADICIONAIS: COMPETÊNCIAS NUCLEARES

Isso quer dizer que a lista de conteúdos estritamente "de inglês" resulta do que vem antes: recorte temático, objetivos interdisciplinares e objetivos do componente curricular Inglês/Língua Adicional, problematização e seleção de textos para decidir participações, objetivos do projeto (competências nucleares).

Participação em determinados campos de atuação humana através da compreensão e da produção de textos em inglês

Autoconhecimento
O que o mundo do outro me diz sobre o meu próprio mundo?
Quais são os problemas e a sua complexidade?
Como posso interferir?

Letramento
Com quais textos posso participar?
Com quem/para quem e para quê posso usar esses textos?
O que preciso saber sobre esses textos para compreendê-los e me posicionar diante do que eles me dizem?

Interdisciplinaridade
Como os conhecimentos de Línguas Adicionais se relacionam com as demais disciplinas para a formulação e a resolução dos problemas em foco?

Estratégias de compreensão e de produção de textos em inglês
Para que aspectos dos textos preciso estar atento a fim de compreendê-los e me posicionar diante deles?
Que recursos expressivos preciso mobilizar para produzir textos?

Recursos expressivos (vocabulário, gramática, pronúncia, pontuação, ilustração, etc.)
Que recursos expressivos preciso aprender e mobilizar para compreender e produzir textos para participar de maneira crítica, criativa e atuante das atividades e da discussão da temática?

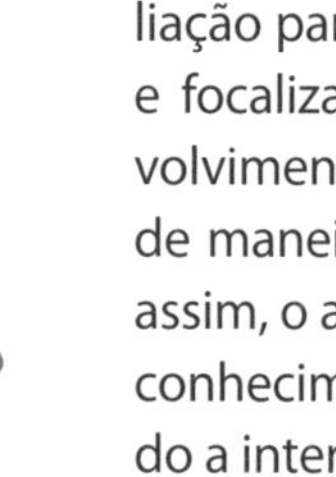

Nos Quadros 4A e 5A, portanto, as células que formulam "Conteúdos" organizam o que será foco de ensino específico e de avaliação para o projeto de Línguas Adicionais e focalizam mais explicitamente o desenvolvimento do letramento, que ocorrerá de maneira contextualizada (promovendo, assim, o autoconhecimento) e mobilizando conhecimentos de outras áreas (promovendo a interdisciplinaridade).

Muitos outros aspectos serão também mobilizados e outras aprendizagens irão acontecer. Por outro lado, conforme discutiremos em mais detalhe adiante, o que acontece de fato também pode demandar adaptações dos conteúdos previstos inicialmente. Por exemplo, podemos ser surpreendidos porque os alunos já sabem mais do que esperado, ou precisam lidar com pressupostos antes de se engajar na proposta. Ambas as situações vão demandar o redimensionamento dos pontos de chegada e novo planejamento de etapas. Nesse sentido, como você poderá conferir nas células das linhas de "Conteúdos" (Quadros 4A e 5A) e nos planejamentos esboçados para os dois eixos temáticos (Quadros 4B e 5B), o grau de especificidade para o 7º ano difere dos demais anos da temática **Ambiente**/Saneamento e dos projetos delineados para a temática **Identidades**/Futebol. Isso acontece justamente porque, ao optarmos pelo detalhamento do projeto *Bem na foto* para ilustrar a elaboração de tarefas pedagógicas, isto é, ao planejarmos o que poderia ser proposto aos alunos, foi possível explicitar os conteúdos

FIGURA 4

CONTEÚDOS DO COMPONENTE CURRICULAR LÍNGUA ADICIONAL

Habilidades para relacionar o texto em foco com o aqui-e-agora e com a realidade local

Habilidades para lidar com os gêneros do discurso em foco:

→ compreender a circulação social, funções e modos de organização do texto em foco;

→ compreender e produzir efeitos de sentido levando em conta as características próprias da composição do texto em foco (imagens, paragrafação, pontuação, característica narrativa, expositiva, etc.);

→ utilizar estratégias de compreensão e de produção de texto;

→ usar recursos expressivos relevantes para a compreensão e a produção do texto em foco.

Habilidades para relacionar o texto em foco com conhecimentos de outros componentes curriculares

focalizados. Isso quer dizer que o ponto de partida de qualquer planejamento leva em conta o que já conhecemos dos nossos alunos e onde queremos chegar, mas é na prática da sala de aula e no enfrentamento das etapas do projeto que a dimensão dos conteúdos se torna mais concreta, e as adaptações necessárias poderão ser feitas. E as adaptações poderiam pular alguma etapa (porque não se torna necessária ou relevante), acrescentar alguma tarefa (porque necessária ou relevante para a etapa seguinte), uma aula inteira para lidar com conhecimentos necessários imprevistos, ou até a mudança de planos ou o redimensionamento dos objetivos para aquele determinado período escolar.

Para cada um dos projetos sugeridos para ilustração, explicitamos nos quadros alguns conteúdos mínimos, sem os quais os projetos não poderiam ser levados a termo com sucesso pelos participantes. Esses conteúdos formarão os objetivos mínimos de ensino e de aprendizagem e serão transformados em tarefas para a sala de aula. A progressão das estratégias de compreensão e de produção, bem como dos recursos linguísticos, conforme será discutido mais adiante, não é feita de antemão, mas estará sempre relacionada às demandas de leitura, compreensão oral, produção de texto escrito e oral das tarefas propostas no projeto.

Por exemplo, estratégias de compreensão, como a identificação de cognatos e a organização de palavras relacionadas a um determinado campo semântico, ou estratégias de produção escrita, como a análise de determinadas expressões e formatos comuns a determinados gêneros do discurso, entre outras, não são em si estratégias hierarquizáveis, nem serão praticadas numa única aula. Conforme veremos mais adiante, elas podem se tornar relevantes de acordo com o texto e a tarefa que estão sendo propostos. O mesmo acontece com os itens gramaticais: *verbs to express likes and dislikes*, *present tense* e *adjectives: comparative and superlative* podem se tornar relevantes para fazer comentários sobre filmes ou completar um questionário sobre atividades esportivas, preferências e opiniões sobre futebol. Por outro lado, estudar e praticar *expressions of protest* e *imperative* se tornará relevante para produzir cartazes de protesto.

QUADRO 4A PROJETOS AMBIENTE/SANEAMENTO

PARA A PROGRESSÃO DO PLANO DE ESTUDOS EM LÍNGUAS ADICIONAIS EM UM CURRÍCULO INTERDISCIPLINAR

	6º ano	7º ano
Eixo Temático (Interdisciplinar)	**Ambiente**	
Problematização (Interdisciplinar)	**Saneamento básico: qual o nosso papel nesse debate?**	
Texto de interesse geral na escola	*Ilha das Flores*, Jorge Furtado	
Título do projeto (Inglês/Língua Adicional)	**O 6º ano convida!**	**Bem na foto**
Problematização (Inglês/Língua Adicional)	Histórias singulares: de que modo(s) sou afetado pelas condições de saneamento em que vivo? De que modo(s) sou responsável pelas condições de saneamento em que vivo?	Imagens de histórias coletivas: o que as imagens de outros lugares dizem sobre as condições de saneamento no mundo? Quais são as condições de saneamento básico no contexto politicamente relevante para a escola (bairro, cidade, estado, país)?
Gêneros do discurso estruturantes (textos orais e escritos)	Compreensão: Filme de curta-metragem (documentário ou ficção): *Island of Flowers* (filme, ficha técnica) Quadrinhos Convites Cartazes Produção: Convites Cartazes	Compreensão: Filme de curta metragem (documentário ou ficção): *Island of Flowers* (filme, ficha técnica, sinopse e verbetes) Sinopse de filme Página de internet (hipertexto, *hiperlinks*): Organização das Nações Unidas (ONU) Campanha: *World Water Day* (notícia e nota explicativa) Cantiga de roda e *nursery rhyme* Álbum de fotos virtuais (Flickr): Water for cities: responding to the urban challenge (fotos, legendas e comentários) Produção: Coletânea de fotos virtuais sobre condições de saneamento na localidade para publicação das fotos no Flickr Legendas para as fotos Comentários sobre fotos
Gêneros do discurso de apoio (textos orais e/ou escritos)	Tiras e outros quadrinhos (em português e em inglês)	Sinopses de outros filmes Mapa-múndi Reportagem sobre o filme Comentários sobre o filme
Objetivos do projeto (Inglês/Língua Adicional) Competências nucleares relacionadas a Autoconhecimento, Letramento e Interdisciplinaridade	Autoconhecimento: Conhecer as condições de saneamento básico na sua localidade e a relação disso com a sua vida. Letramento: Discutir o filme *Ilha das Flores* com narração em inglês. Participar da produção de quadrinhos para a confecção de cartazes e/ou convites em inglês, a ser enviado para as outras turmas de inglês da escola ou de escolas vizinhas, para a peça de teatro da turma (projeto de Língua Portuguesa e Literatura). Refletir sobre a função social de filmes, quadrinhos, convites e cartazes para posicionar-se na leitura e na produção de texto. Ler e escrever quadrinhos em inglês e português que tratam de conscientização ambiental. Relacionar o uso de imagens com o que está sendo dito, ilustrando, dando consistência e aprofundando as ideias apresentadas. Usar estratégias de compreensão e de produção de textos em inglês. Usar recursos da língua inglesa (vocabulário, gramática, pontuação) para elaborar diálogos entre personagens e para escrever convites.	Autoconhecimento: Conhecer as condições de saneamento básico na sua localidade e como elas se relacionam com as condições em outros lugares. Letramento: Discutir o filme *Ilha das Flores* com narração em inglês. Conhecer o *site* da ONU para discutir o movimento *World Water Day*. Participar de uma campanha de conscientização ambiental e do mundo que se faz também em inglês. Viajar por imagens em álbuns de fotografia virtuais que mostram como é o abastecimento e o tratamento de água ao redor do mundo. Contribuir para esse álbum com fotos da comunidade, cidade ou país. Refletir sobre a função social de filmes, campanhas, álbum de fotos e comentários para posicionar-se na leitura e na produção de texto. Ler textos em inglês e português sobre filmes e sobre abastecimento, tratamento de água e saneamento. Manifestar opinião em inglês sobre filmes. Escrever legendas de fotos e comentários em inglês sobre filmes, fatos e fotos acerca das discussões. Relacionar o uso de imagens com o que está sendo dito, ilustrando, dando consistência e aprofundando as ideias apresentadas. Ler/usar imagens para mostrar e denunciar problemas e soluções relacionados ao saneamento. Usar estratégias de compreensão e de produção de textos em inglês. Usar recursos da língua inglesa (vocabulário, gramática, pontuação) para comentar, opinar e descrever fotos.

8º ano	9º ano
Ambiente	
Saneamento básico: qual o nosso papel nesse debate?	
Ilha das Flores, Jorge Furtado	
A água nossa de cada dia	**H_2O, câmera, ação!**
Olhar, ver, investigar e contar: quais são alguns dados e fatos que falam sobre as condições de saneamento básico no mundo? Como minha localidade está representada nesse quadro?De quais fatos/números faço parte? Por quê?	Direitos sociais básicos: quem tem acesso a saneamento básico? Por quê? Qual é a relação entre o saneamento básico e o poder político e econômico?
Compreensão: Filme de curta metragem (documentário ou ficção): *Island of Flowers* (filme, ficha técnica, sinopse e verbetes) Sinopse de filme Página de internet (hipertexto, *hiperlinks*): Organização das Nações Unidas (ONU) Campanha: *World Water Day* (notícia, nota explicativa e materiais para a campanha) Cartaz de campanha com dados sobre condições de saneamento no mundo Notícias, reportagens e entrevistas sobre condições de saneamento no Brasil e no mundo com gráficos e tabelas Produção: Painel com quadros resultantes de levantamento de dados sobre as condições locais	Compreensão: Filme de curta metragem (documentário ou ficção): *Island of Flowers* (filme, ficha técnica, sinopse e verbetes) Sinopse de filme Cartaz do filme *Trailer* de filme Crítica de filme Reportagem sobre filme, *making of*, entrevista com diretor/atores Produção: Sinopse de filme *Storyboard* Cartaz do filme *Trailer* de filme de ficção ou breve documentário Legendas
Reportagens Denúncias Artigos de divulgação científica	Roteiros: *Saneamento Básico* *Lixo Extraordinário* Outros roteiros de filmes Críticas de filmes
Autoconhecimento: Conhecer as condições de saneamento básico na sua localidade e de que maneira estão representadas em dados estatísticos no Brasil e no mundo. Letramento: Discutir o filme *Ilha das Flores* com narração em inglês. Conhecer o *site* da ONU para discutir o movimento *World Water Day*. Refletir sobre a função social de filmes, notícias, reportagens, entrevistas e painéis para posicionar-se na leitura e na produção de texto. Participar da elaboração de painel que revele as condições de saneamento do universo politicamente relevante para a escola (bairro, distrito, etc.) e que permita estabelecer relações com gentes e fatos relevantes para que as coisas sejam como são. Ler notícias, reportagens e entrevistas em inglês e português sobre tratamento de água e saneamento. Relacionar o uso de imagens com o que está sendo dito, ilustrando, dando consistência e aprofundando as ideias apresentadas. Usar estratégias de compreensão e de produção de textos em inglês . Usar recursos da língua inglesa (vocabulário, gramática, pontuação) para opinar, informar, noticiar, entrevistar, descrever, comentar, manifestar opinião e fazer hipóteses.	Autoconhecimento: Conhecer as condições de saneamento básico na sua localidade e de que maneira elas se relacionam com o orçamento e investimentos do município. Letramento: Discutir o filme *Ilha das Flores* com narração em inglês. Discutir documentários e filmes de ficção que tratam de questões ambientais (lixo, saneamento, etc.). Refletir sobre a função social de diferentes gêneros de filmes, *trailers*, entrevistas, críticas, *storyboard*, roteiro e sinopse de filme para posicionar-se na leitura e na produção de texto. Participar da elaboração de *trailer* para filme de ficção ou breve documentário sobre condições de saneamento na sua localidade. Ler *storyboard*, sinopses, cartazes, críticas e roteiros em inglês e português que tratam de saneamento. Escrever *storyboard* , sinopse, cartaz e pequeno roteiro em inglês . Relacionar o uso de imagens com o que está sendo dito, ilustrando, dando consistência e aprofundando as ideias apresentadas. Usar estratégias de compreensão e de produção de textos em inglês. Usar recursos da língua inglesa (vocabulário, gramática, pontuação) para opinar, narrar, elaborar diálogos, denunciar.

	6º ano	7º ano
Eixo Temático (Interdisciplinar)	**Ambiente**	
Problematização (Interdisciplinar)	**Saneamento básico: qual o nosso papel nesse debate?**	
Texto de interesse geral na escola	*Ilha das Flores,* Jorge Furtado	
Objetivos do projeto (Inglês/Língua Adicional) Competências nucleares relacionadas a Autoconhecimento, Letramento e Interdisciplinaridade	Interdisciplinaridade: Estabelecer relações interdisciplinares com base nas seguintes questões, entre outras: Artes: desenho de histórias em quadrinhos; encenação de esquetes. Ciências: água e recursos naturais. Educação Física: levantamento das condições para prática de atividade física e esportes na comunidade. História: histórico da comunidade local. Língua Portuguesa e Literatura: subsídios para produção de peça teatral.	Interdisciplinaridade: Estabelecer relações interdisciplinares com base nas seguintes questões, entre outras: Artes: fotografia. Ciências: transformações e consumo. Educação Física: relações entre condições de saneamento e condições para a prática de atividade física e desenvolvimento de habilidades, técnicas e táticas esportivas. Geografia: leitura de mapa-múndi, estados-nações e organizações internacionais. História: o que é uma prova de História?; liberdade política e independência nacional. Língua Portuguesa e Literatura: fotos e informação em subsídio para produção de carta aberta. Matemática: notação escrita de números.
Textos[6] para leitura e planejamento de tarefas em aula	*Island of Flowers*, de Jorge Furtado: www.casacinepoa.com.br/en Personagens: www.monica.com.br/ingles Quadrinhos: www.monica.com.br/ingles, tiras 34 (Jimmy Five), 59 (Smudge) e 160 (Maggy)	*Island of Flowers*, de Jorge Furtado: www.casacinepoa.com.br/en Sinopses de filmes: eyesonbrazil.com/brazilian-films-the-list *Site* ONU: Página inicial e World Water Day www.un.org/millenniumgoals About World Water Day: www.unwater.org/wwd11/about.html Convite para participar na campanha www.unwater.org/worldwaterday Flickr Water for cities: responding to the urban challenge www.flickr.com/groups/worldwaterday2011 Parte da reportagem sobre *Ilha das Flores*: *Zero Hora*, 13/4/2004 (Segundo Caderno, p. 3, 6 e 7)
Textos longos para leitura no mês, trimestre ou semestre e outros textos de interesse	Reportagem completa de *Zero Hora* Monica's Gang toon site: www.turmadamonica.com.br/ingles Romeo & Juliet: www.turmadamonica.com.br/ingles Maurício de Souza: www.monica.com.br/ingles/mauricio/fwelcome.htm *Romeu e Julieta, MacBeth e outros*, William Shakespeare (adaptação Geraldine McCaughrean) *A megera domada em cordel*, William Shakespeare *A ambição de Macbeth e a maldade feminina* *Romeo and Juliet*, William Shakespeare: shakespeare.mit.edu/romeo_juliet	Reportagem completa de *Zero Hora* *Sites* relacionados: Casa de Cinema, álbuns fotográficos, incluindo álbuns de alunos/familiares/da escola/etc., páginas de fotógrafos brasileiros *Sites* com comentários do filme Campanhas de conscientização ambiental Biografia de Cecília Meirelles: www.releituras.com/cmeireles_bio.asp *Cancioneiro da Inconfidência*, Cecília Meirelles Poemas de Langston Hughes: www.poemhunter.com "Redemption song", de Bob Marley
Textos técnicos	Orientações para a elaboração de quadrinhos	Orientações de fotografia
Conteúdos	Circulação social, funções e modos de organização dos gêneros do discurso estruturantes em foco. Estudo do autor e dos personagens. Efeitos de sentido de recursos visuais e sua relação com os recursos gráficos: relação entre imagem e texto escrito, balões, fontes, etc. Estratégias de compreensão e de produção de texto: uso de conhecimentos prévios sobre o tema e sobre o gênero do discurso, cognatos, pontuação, etc. Recursos expressivos para elaborar diálogos entre personagens e para escrever convites.	Circulação social, funções e modos de organização dos gêneros do discurso estruturantes em foco. Efeitos de sentido de recursos visuais e sua relação com os recursos gráficos: o impacto de imagens, relação entre imagem e texto escrito. Estratégias de compreensão e de produção de texto: uso de conhecimentos prévios sobre o tema e sobre o gênero do discurso, cognatos, pontuação, etc. Recursos expressivos para definir conceitos, compreender um problema relacionado a saneamento, manifestar apreciação e opinião sobre fotos de condições de saneamento básico da localidade (*grammar: verb to be, simple present, comparative and superlative, countable and uncountable nouns, asking for opinion, adjectives and verbs to express positive and negative opinion, agreeing and disagreeing, personal information; vocabulary: movies, urban water system*).

6. O acesso aos textos indicados foi feito em março/abril de 2011. Como o conteúdo de *sites* muda constantemente, caso decida seguir este plano, você deve consultar o *site* com antecedência para planejar sua aula levando em conta os textos atuais. A ideia aqui é trabalhar diretamente no *site*. Portanto, é importante planejar as seções que serão foco do trabalho para auxiliar os alunos e conduzi-los para essas seções com tarefas de leitura coerentes com o que podem encontrar.

8º ano	9º ano
Ambiente	
Saneamento básico: qual o nosso papel nesse debate?	
Ilha das Flores, Jorge Furtado	
Interdisciplinaridade: Estabelecer relações interdisciplinares com base nas seguintes questões, entre outras: Artes: arte visual gráfica em painéis, cartazes, etc. Ciências: micro-organismos, contaminação ambiental e saúde. Educação Física: contraste entre condições de saneamento e condições para a prática de atividade física e desenvolvimento de habilidades, técnicas e táticas esportivas em diferentes lugares. Geografia: leitura de mapa-múndi, estados-nações e organizações internacionais. História: narrativa, reportagem e historiografia. Língua Portuguesa e Literatura: narrativa, ponto de vista e reportagem. Matemática: estudo de representatividade e proporções (porcentagem, dados estatísticos, etc.).	Interdisciplinaridade: Estabelecer relações interdisciplinares com base nas seguintes questões, entre outras: Artes: cinema, materiais de divulgação de filmes, trilha sonora, dramaturgia e encenação, valor da arte. Ciências: transformações e consumo, contaminação ambiental e saúde. Educação Física: : boas condições de saneamento e requisitos para a prática de atividade física e desenvolvimento de habilidades, técnicas e táticas esportivas na comunidade local. História: linha de tempo histórico e sequência de ações em roteiro. Língua Portuguesa e Literatura: narrativa e intertextualidade. Matemática: cômputo de tempo para roteiro e cálculo de orçamento.
Island of Flowers Facts and figures (UN): www.un.org/waterforlifedecade/swm_cities_zaragoza_2010/pdf/facts_and_figures_short_eng.pdf *Site* ONU: Página inicial e World Water Day: www.un.org/millenniumgoals Campaign Materials: www.unwater.org/wwd11/campaign.html Water and Cities - Facts and Figures – A Snapshot : www.un.org/waterforlifedecade/swm_cities_zaragoza_2010/pdf/facts_and_figures_short_eng.pdf Jornais (on-line), entrevistas, etc. para levantamento de dados Reportagem sobre *Ilha das Flores*: *Zero Hora*, 13/4/2004 (Segundo Caderno, p. 3, 6 e 7)	*Island of Flowers* *Trailer*, sinopse, filme, comentários e críticas sobre o filme, reportagem completa do jornal *Zero Hora* *Trailer* e sinopse dos filmes: *Waste Land* (Lixo Extraordinário): www.wastelandmovie.com *Basic Sanitation, The Movie* (Saneamento Básico): www.moma.org/visit/calendar/film_screenings/5402
Reportagem completa de *Zero Hora* Jornais e revistas *on-line*: notícias, reportagens, entrevistas relacionadas ao tema *Sites* de ONGs e instituições que tratam do tema	Reportagem completa de *Zero Hora* *Trailers* e sinopses de outros filmes Jornais (*on-line*): notícias, reportagens, entrevistas relacionadas *Caninos Brancos*, Jack London (Texto e áudio completos em inglês: www.gutenberg.org) *Moby Dick*, Herman Melville (Texto completo em inglês: www.gutenberg.org) *O velho e o mar*, Ernest Hemingway
Tutorial PowerPoint	Tutorial Movie Maker
Circulação social, funções e modos de organização dos gêneros do discurso estruturantes em foco. Efeitos de sentido de recursos visuais e sua relação com os recursos gráficos: relação entre imagem e texto escrito, seleção e organização da informação e de imagens, formatação, etc. Estratégias de compreensão e de produção de texto: uso de conhecimentos prévios sobre o tema e sobre o gênero do discurso, cognatos, pontuação, etc. Recursos expressivos para informar, noticiar, entrevistar, descrever, manifestar opinião e fazer hipóteses.	Circulação social, funções e modos de organização dos gêneros do discurso estruturantes em foco. Estudo do diretor e dos personagens. Efeitos de sentido de recursos visuais e sua relação com os recursos gráficos: relação entre imagem e texto escrito, seleção e organização da informação para o *trailer* e o cartaz, legendas, etc. Estratégias de compreensão e de produção de texto: uso de conhecimentos prévios sobre o tema e sobre o gênero do discurso, cognatos, pontuação, etc. Recursos expressivos para narrar, entrevistar, descrever, manifestar opinião.

QUADRO 5A Projetos IDENTIDADES/FUTEBOL para a progressão do plano de estudos em LÍNGUAS ADICIONAIS em um currículo interdisciplinar

	6º ano	7º ano
Eixo Temático (Interdisciplinar)	**Identidades**	
Problematização (Interdisciplinar)	**Questão norteadora na escola:** quais as identidades que podem trazer problemas no cotidiano social? Quando a identidade é um problema? **Promover a reflexão crítica sobre:** construção histórica/manutenção/negociação de identidades (gênero, raça, etnia, classe, corpo, etc.), preconceito, valores associados a diferentes formas de ser, etc.	
Foco temático dos componentes curriculares[7]	**Futebol**	
Texto de interesse geral para os componentes curriculares envolvidos	Coletânea de crônicas sobre futebol por autores importantes na história do gênero na literatura brasileira e filme *O Mundo é uma Bola*, Carlos Drummond de Andrade, Armando Nogueira, Luis Fernando Verissimo e outros *Barbosa*, Ana Azevedo, Giba Assis Brasil, Jorge Furtado	
Título do projeto (Inglês/Língua Adicional)	**Entrando em campo**	**Mata no peito e chuta em gol**
Problematização (Inglês/Língua Adicional)	As línguas do futebol: quais são as línguas do futebol? Quem fala quais línguas? Por que falar inglês? Quem é quem no futebol: de quem é o futebol (problematizar gênero, classe social, corpo, raça, etc.)? Quem aparece e é notícia (problematizar gênero, classe, etc.)? Quem viaja no futebol? Quem sou eu no mundo do futebol?	As regras do futebol: o que pode e o que não pode no campo e fora do campo? O que entra em jogo no futebol? Quem decide? Isso muda através dos tempos, levando em conta a tecnologia? Como isso se relaciona a outras regras de conduta na sociedade?
Gêneros do discurso estruturantes (textos orais e escritos)	Compreensão: Página de internet (hipertexto, *hiperlinks*): FIFA Notícia Comentário Apresentação em PowerPoint Produção: Comentário	Compreensão: Página de internet (hipertexto, *hiperlinks*): FIFA Notícia Questionário (*Have your say*) Regra de impedimento Produção: Resposta a questionário (*Have your say*) Apresentação em PowerPoint
Gêneros do discurso de apoio (textos orais e escritos)	Entrevista Quadrinhos	Código de regras esportivas Entrevista
Objetivos do projeto (Inglês/Língua Adicional) Competências nucleares relacionadas a Autoconhecimento, Letramento e Interdisciplinaridade	Autoconhecimento: Conhecer a dimensão do mundo do futebol na vida cotidiana e no mundo em geral, e a relação disso com a sua vida. Letramento: Produzir um comentário concordando/discordando da escolha do melhor jogador do mundo no ano (2010: jogador argentino Leonel Messi) ou na página de entrevista com a jogadora brasileira Marta Vieira da Silva. Refletir sobre a função social de notícias e comentários para poder posicionar-se na leitura e na produção de texto. Ler e escrever textos em inglês e português que tratam de futebol. Usar estratégias de compreensão e de produção de textos em inglês. Usar recursos da língua inglesa (vocabulário, gramática, pontuação) para produzir comentários.	Autoconhecimento: Conhecer a dimensão do futebol na vida cotidiana e no mundo e a relação disso com a sua vida e com normas sociais de conduta pública. Letramento: Postar uma resposta no questionário do *site* – Do you play football? (Os alunos podem também responder outras perguntas). Fazer uma apresentação em PowerPoint com as informações da turma à pergunta acima. Fazer uma apresentação em PowerPoint discutindo a regra de impedimento. Refletir sobre a função social de notícias, questionários, apresentações orais, regras (jogo e outras) para poder posicionar-se na leitura e na produção de texto. Ler e escrever textos em inglês e português que tratam de futebol. Usar estratégias de compreensão e de produção de textos em inglês. Usar recursos da língua inglesa (vocabulário, gramática, pontuação) para produzir resposta a questionário e apresentação em PowerPoint para discutir a regra de impedimento.

7. Sugerimos fortemente que consultem os volumes desta coleção que tratam dos componentes curriculares de Língua Portuguesa e Literatura e Educação Física para analisar com os colegas as possibilidades de trabalho conjunto. Em Língua Portuguesa e Literatura, por exemplo, as propostas são: 6º ano – *Passe perfeito* (Quem aparece e é notícia no futebol?); 7º ano – *Virando o jogo* (As regras do futebol); 8º ano – Replay: *reveja um lance inesquecível* (Futebol: paixão nacional); 9º ano – *As chuteiras sem pátria* (A seleção *vs.* o clube: símbolo e negócio). Na Educação Física, o projeto *Jogar, torcer, viver futebol!* é centralmente dedicado à temática.

8º ano	9º ano
Identidades	
Questão norteadora na escola: quais as identidades que podem trazer problemas no cotidiano social? Quando a identidade é um problema? **Promover a reflexão crítica sobre:** construção histórica/manutenção/negociação de identidades (gênero, raça, etnia, classe, corpo, etc.), preconceito, valores associados a diferentes formas de ser, etc.	
Futebol	
Coletânea de crônicas sobre futebol por autores importantes na história do gênero na literatura brasileira e filme *O Mundo é uma Bola*, Carlos Drummond de Andrade, Armando Nogueira, Luis Fernando Verissimo e outros *Barbosa*, Ana Azevedo, Giba Assis Brasil, Jorge Furtado	
Quem joga no meu time?	**Futebol é coisa séria!**
Futebol: paixão nacional: o futebol é uma língua comum entre pessoas de diferentes classes/nacionalidades/gêneros/raça/etc.? Quando o futebol une? Quando separa? Que relações acontecem via futebol? Quem tá dentro? Quem tá fora? Qual é a presença da mulher no jogo, no estádio e nas torcidas? Quais são os valores associados aos times?	O futebol move o mundo: que relações são estabelecidas pelo futebol com o dinheiro? O futebol é uma paixão ou um negócio? O *marketing* do futebol.
Compreensão: Página de internet (hipertexto, *hiperlinks*): FIFA Notícia Campanha publicitária (vídeo) Entrevista Produção: Entrevista Pequeno documentário	Compreensão: Página de internet (hipertexto, *hiperlinks*): FIFA Notícia Reportagem Produção: Apresentação em PowerPoint Cartaz de protesto
Reportagens Filmes	Reportagens Filmes
Autoconhecimento: Conhecer a dimensão do futebol na vida cotidiana e no mundo e a relação disso com a sua vida e com o pertencimento a grupos (identidade clubística) Letramento: Produzir um vídeo sobre o futebol na escola incluindo entrevistas (com legendas em inglês): Como é o futebol aqui? Refletir sobre a função social de campanhas publicitárias, entrevistas e documentários para posicionar-se na leitura e na produção de texto. Ler e escrever textos em inglês e português que tratam de futebol. Usar estratégias de compreensão e de produção de textos em inglês . Usar recursos da língua inglesa (vocabulário, gramática, pontuação) para produzir o documentário proposto.	Autoconhecimento: Conhecer a dimensão do futebol na vida cotidiana e no mundo e a relação disso com a sua vida e o mundo dos negócios, do trabalho e da economia. Letramento: Produzir uma apresentação em PowerPoint sobre levantamentos feitos sobre a relação entre valores de mercado dos times (revista *Forbes*) com os times brasileiros; entre investimentos de infraestutura da Copa do Mundo com investimentos de saneamento básico, educação, etc.; entre orçamento dos clubes brasileiros e orçamento dos municípios. Produzir um cartaz de protesto para o público da Copa do Mundo. Refletir sobre a função social de notícias e reportagens que apresentam dados de pesquisa para posicionar-se na leitura e na produção de texto. Ler e escrever textos em inglês e português que tratam de futebol. Usar estratégias de compreensão e de produção de textos em inglês. Usar recursos da língua inglesa (vocabulário, gramática, pontuação) para produzir os textos propostos.

	6º ano	7º ano
Eixo Temático (Interdisciplinar)	**Identidades**	
Problematização (Interdisciplinar)	**Questão norteadora na escola:** quais as identidades que podem trazer problemas no cotidiano social? Quando a identidade é um problema? **Promover a reflexão crítica sobre:** construção histórica/manutenção/negociação de identidades (gênero, raça, etnia, classe, corpo, etc.), preconceito, valores associados a diferentes formas de ser, etc.	
Foco temático dos componentes curriculares	**Futebol**	
Texto de interesse geral para os componentes curriculares envolvidos	Coletânea de crônicas sobre futebol por autores importantes na história do gênero na literatura brasileira e filme: *O Mundo É uma Bola*, Carlos Drummond de Andrade, Armando Nogueira, Luis Fernando Verissimo e outros *Barbosa*, Ana Azevedo, Giba Assis Brasil, Jorge Furtado	
Objetivos do projeto (Inglês/Língua Adicional) Competências nucleares relacionadas a Autoconhecimento, Letramento e Interdisciplinaridade	Interdisciplinaridade: Estabelecer relações interdisciplinares com base nas seguintes questões, entre outras: Artes: "Futebol arte" é arte? Educação Física: habilidade e técnicas esportivas no futebol. Geografia: o que é a FIFA? estados-nações e organizações internacionais. História: civilizações, estados-nações e organizações internacionais. Língua Portuguesa e Literatura: contraste de noticiário de esportes em jornais locais, regionais e no *site* da FIFA em português e em inglês.	Interdisciplinaridade: Estabelecer relações interdisciplinares com base nas seguintes questões, entre outras: Artes: dança tem regra? Educação Física: a lógica do futebol, regras de diferentes esportes, o impedimento nas modalidades de futebol profissional e não profissional. História: escrita, civilizações e códigos de regras e leis. Língua Portuguesa e Literatura: subsídios da compreensão da regra de impedimento para textos do *blog*. Matemática: dimensões dos campos de futebol oficiais e locais.
Textos[8] para leitura e planejamento de tarefas em aula	*Site* FIFA (inglês) (home): www.fifa.com News Centre (Que tipo de notícias há? Qual você escolheria para ler?: www.fifa.com/newscentre Classic Football Clubs (Que times estão representados?): www.fifa.com/classicfootball/clubs Classic Football Rivalries (Que times estão representados?): www.fifa.com/classicfootball/stories/classicderby	
	FIFA Ballon d´Or: www.fifa.com/ballondor Have your say: Do you agree with the FIFA Ballon d'Or choice? www.fifa.com/ballondor/haveyoursay.html Apresentação em Power Point de projeto final de aluno de escola pública canadense apresentando o que é o futebol: www.slideshare.net/ryan_arden/giguya-nzunga-soccer-presentation	Have your say: Do you play football? www.fifa.com/worldfootball/news/haveyoursay.html Law 11 (Offside): www.fifa.com/worldfootball/lawsofthegame
Textos longos para leitura no mês, trimestre ou semestre e outros textos de interesse	Entrevista com Marta: "Marta: This award is a big boost": www.fifa.com Quadrinhos da Turma da Mônica sobre futebol: www.turmadamonica.com.br/ingles	Laws of the game: www.fifa.com/worldfootball/lawsofthegame Quadrinhos da Turma da Mônica sobre futebol: www.turmadamonica.com.br/ingles *Harry Potter and the philosopher´s stone* (EUA e Índia: *Harry Potter and the sorcerer's stone*), capítulos 6 a 13 *Harry Potter and the philosopher´s stone* (Filme: cena 17)
Textos técnicos	Tutorial de navegação em *site* (ícones, etc.)	Tutorial PowerPoint
Conteúdos	Circulação social, funções e modos de organização dos gêneros do discurso estruturantes em foco. Efeitos de sentido de recursos visuais e sua relação com os recursos gráficos Estratégias de compreensão e de produção de texto: uso de conhecimentos prévios sobre o tema e sobre o gênero do discurso, cognatos, pontuação, etc. Recursos expressivos para elaborar comentários.	Circulação social, funções e modos de organização dos gêneros do discurso estruturantes em foco. Efeitos de sentido de recursos visuais e sua relação com os recursos gráficos. Estratégias de compreensão e de produção de texto: uso de conhecimentos prévios sobre o tema e sobre o gênero do discurso, cognatos, pontuação, etc. Recursos expressivos para responder questionário e apresentação em PowerPoint (instruções).

8. O acesso aos textos indicados foi feito em março/abril de 2011. Como o conteúdo de *sites* muda constantemente, caso decida seguir este plano, você deve consultar o *site* com antecedência para planejar sua aula levando em conta os textos atuais. A ideia aqui é trabalhar diretamente no *site*. Portanto, é importante planejar as seções que serão foco do trabalho para auxiliar os alunos e conduzi-los para essas seções com tarefas de leitura coerentes com o que podem encontrar.

<table>
<tr><th>8º ano</th><th>9º ano</th></tr>
<tr><td colspan="2">Identidades</td></tr>
<tr><td colspan="2">Questão norteadora na escola: quais as identidades que podem trazer problemas no cotidiano social? Quando a identidade é um problema?
Promover a reflexão crítica sobre: construção histórica/manutenção/negociação de identidades (gênero, raça, etnia, classe, corpo, etc.), preconceito, valores associados a diferentes formas de ser, etc.</td></tr>
<tr><td colspan="2">Futebol</td></tr>
<tr><td colspan="2">Coletânea de crônicas sobre futebol por autores importantes na história do gênero na literatura brasileira e filme:
O Mundo É uma Bola, Carlos Drummond de Andrade, Armando Nogueira, Luis Fernando Verissimo e outros
Barbosa, Ana Azevedo, Giba Assis Brasil, Jorge Furtado</td></tr>
<tr><td>Interdisciplinaridade:
Estabelecer relações interdisciplinares com base nas seguintes questões, entre outras:
Artes: perspectiva nas artes visuais (pintura, fotografia, teatro).
Ciências: corpo humano, condicionamento e capacidade de rendimento masculino e feminino.
Educação Física: habilidade, técnica e tática no futebol masculino e feminino.
História: futebol na escola e na comunidade, de onde veio, que clubes existiram e como surgiram os que existem.
Língua Portuguesa e Literatura: termos em inglês nas memórias de futebol de idosos.</td><td>Interdisciplinaridade:
Estabelecer relações interdisciplinares com base nas seguintes questões, entre outras:
Artes: expressões visuais de protesto.
Ciências: saneamento e ecologia.
Educação Física: o custo do futebol: equipamentos e preparação para prática e desenvolvimento de habilidades, técnicas e táticas de futebol.
Geografia: mercado internacional de trabalho do futebol, PIB e renda per capita
História: cidadania no Brasil contemporâneo.
Língua Portuguesa e Literatura: contraste histórico em crônicas sobre a Copa de 1950 e preparação para a Copa de 2014.
Matemática: conversão de valores em euros e reais, proporções entre montantes de orçamento.</td></tr>
<tr><td colspan="2">Site FIFA (inglês) (home): www.fifa.com
News Centre (Que tipo de notícias há? Qual você escolheria para ler?: www.fifa.com/newscentre
Classic Football Clubs (Que times estão representados?): www.fifa.com/classicfootball/clubs
Classic Football Rivalries (Que times estão representados?): www.fifa.com/classicfootball/stories/classicderby</td></tr>
<tr><td>Vídeos "Joga Bonito TV Nike" (Play beautiful/JogaTV – Nike, Hiim Fletcher): www.youtube.com
Vídeos de entrevistas: News Centre Interviews: www.fifa.com/newscentre/news/interviewlist</td><td>2014 World Cup Brazil: www.fifa.com/worldcup
Latest news: www.fifa.com/worldcup/news
Revista Forbes www.forbes.com:
The World's Most Valuable Soccer Teams (Slideshow)
"Soccer's Highest Earners" (Story)
The Business Behind The World Cup (Vídeo)
Gráficos/tabelas:
"Corinthians tem o maior faturamento dos clubes brasileiros, diz estudo": esporte.uol.com.br</td></tr>
<tr><td>FIFA videos:
www.fifa.com/classicfootball/video
"Off the Field, a Woman Tames Brazil's Soccer Fans" (New York Times): www.nytimes.com
How Soccer Explains the World: An Unlikely Theory of Globalization Interview with author Franklin Foer (vídeo): www.youtube.com
Canções de rock para animação de torcidas:
Queen: "We will rock you" e "We are the champions"</td><td>News Centre-Off the Ball: www.fifa.com/newscentre/news/offtheballlist
"Off the Field, a Woman Tames Brazil's Soccer Fans" (New York Times): www.nytimes.com
How Soccer Explains the World: An Unlikely Theory of Globalization Interview with author Franklin Foer (vídeo): www.youtube.com
Relatório do IBGE sobre gastos públicos com saneamento básico: www.ibge.gov.br/home/estatistica/populacao/condicaodevida/pnsb/pnsb.pdf</td></tr>
<tr><td>Tutorial Movie Maker</td><td>Tutorial Excel (gráficos e tabelas)</td></tr>
<tr><td>Circulação social, funções e modos de organização dos gêneros do discurso estruturantes em foco.
Efeitos de sentido de recursos visuais e sua relação com os recursos gráficos.
Estratégias de compreensão e de produção de texto: uso de conhecimentos prévios sobre o tema e sobre o gênero do discurso, cognatos, pontuação, etc.
Recursos expressivos para elaborar entrevista e documentário.</td><td>Circulação social, funções e modos de organização dos gêneros do discurso estruturantes em foco.
Efeitos de sentido de recursos visuais e sua relação com os recursos gráficos.
Estratégias de compreensão e de produção de texto: uso de conhecimentos prévios sobre o tema e sobre o gênero do discurso, cognatos, pontuação, etc.
Recursos expressivos para elaborar apresentação em PowerPoint e cartaz de protesto.</td></tr>
</table>

O planejamento de projetos de ensino e aprendizagem relacionados a eixos temáticos pode ajudar a comunidade escolar na organização não apenas de um currículo significativo, mas também da tomada de atitudes em que os problemas identificados envolvem a busca por resoluções que demandam conhecimentos dos diversos componentes curriculares. Assim, a escola pode ser uma instância verdadeiramente cidadã ao providenciar a busca desses conhecimentos, justificando os encontros diários dos alunos com colegas, professores e outros participantes para a construção conjunta da compreensão do seu próprio mundo e da sua participação crítica, criativa e atuante como cidadão.

Gêneros do discurso estruturantes: dando concretude à participação em língua inglesa

Optar pelo uso de "gêneros do discurso" como critério para dar concretude aos conteúdos curriculares se justifica quando o nosso foco é promover o uso da linguagem em ações significativas e relevantes para os alunos. Quando falamos em gênero do discurso, temos em perspectiva que um texto não faz sentido como objeto linguístico descontextualizado: um texto é sempre produzido por alguém, para alguém e com propósitos específicos. Por exemplo, vamos pensar em uma situação em que, antes de sair de casa, você resolve conferir com um amigo como chegar a um endereço e anota essas informações. A anotação é feita por você, para você, para ser usada em seguida. Se essa é a situação, os rabiscos que você faz no papel têm o objetivo de aliviar seu trabalho de memorizar informações que vai precisar logo a seguir. Se, no entanto, estiver anotando para recuperar as informações daqui a um mês ou para outra pessoa, isso muito provavelmente muda algumas características da anotação, que provavelmente será mais completa ou detalhada, para que, mais adiante, você ou a pessoa que a receber possa recuperá-la mais facilmente.

O cuidado que temos ao falar e escrever se ajusta ao interlocutor a quem queremos nos dirigir. Ao nos expressarmos, antevemos respostas que vamos ter e, assim, vamos selecionando o que e como dizer, de acordo com o que esperamos ouvir/ler. E essas expectativas são construídas através da nossa experiência com interlocutores e com os textos que circulam em diferentes esferas das quais participamos. Se, por exemplo, queremos publicar um anúncio na seção de classificados de um jornal para vender um carro, vamos ter que aprender que o espaço custa dinheiro e que, por isso, é recomendável que usemos abreviaturas em vez de palavras completas. Isso se aprende através de oportunidades de participação com esses textos, em primeiro lugar fazendo uso desses textos para compreendê-los antes de agir. Apenas conhecer ou nomear a regra do jogo, sem alguma vez ter participado de alguma atividade para a qual a regra importa, não nos torna bons jogadores. É preciso ter oportunidades de prática e de discussão sobre essa prática para poder entender melhor as regras e poder decidir se queremos participar e como.

Ainda usando a metáfora do jogo, temos ciência de que, em geral, nos jogos que acontecem em casa e com as pessoas que conhecemos desde a infância, sabemos participar porque aprendemos, ao longo de nossas vidas e com a prática constante, o que é esperado de nós (e fazer o que é inesperado também faz parte do jogo!). Mas, à medida que vamos ampliando nossa participação no mundo e entramos em outras esferas (conversas com os pais de amigos, matrícula na escola, participação na sala de aula, inscrição no clube de futebol, conversa com o médico, reunião da associação do bairro ou de condomínio, etc.), as demandas vão passando a ser outras e, novamente, a prática constante é fundamental para, aos poucos, irmos aprendendo como organizar e participar nos textos (orais e escritos) que ali circulam. Poderíamos retomar a pergunta: o que a escola tem a ver com isso, se o mundo pode nos ensinar a ser bons jogadores? Como já vimos, é função da escola fazer refletir, sistematizar e inclusive colocar em cheque as regras como as conhecemos e da maneira como o mundo insiste em ensiná-las. É função da escola preparar os educandos para poderem participar tendo não só entendido as regras do jogo, mas também questionado e discutido se essas regras não poderiam mesmo ser diferentes para possibilitar a construção de um mundo mais democrático e justo.

Para isso, aprender a compreender, a levar em conta informações e pontos de vista distintos, e a questionar as expectativas que já circulam em diferentes cenários das interações humanas são objetivos também da aula de Línguas Adicionais na escola. E é a isso que nos referimos quando dizemos que vamos organizar um currículo por gêneros do discurso. Isso quer dizer que vamos tratar o texto (oral e escrito) como resultado de determinadas condições de produção e de recepção, que serão sempre únicas (porque serão sempre construídas em uma nova situação de interlocução entre participantes com determinados objetivos para aquele momento específico). Mas também vamos levar em conta que a construção conjunta desses textos está ancorada em características de textos anteriores já produzidos em situações semelhantes e que acrescentam a cada evento de comunicação determinadas expectativas com as quais os participantes terão que lidar (conhecendo-as ou não). Se, por exemplo, você receber por correio uma conta de luz, uma propaganda eleitoral e o encarte de um supermercado, você se posicionará diferentemente em relação a cada um desses textos a partir das expectativas que você tem, que são baseadas nas experiências anteriores com textos com certas características ou outras. E, mesmo levando em conta essas expectativas, seu posicionamento será contingente ao momento, tornando-se diferente, por exemplo, se um desses textos chegar às suas mãos antes ou depois de ter recebido seu salário, antes ou depois das eleições, etc.

É importante esclarecer que organizar um currículo por gêneros do discurso não quer dizer que o objetivo do ensino seja caracterizar, classificar ou nomear diferentes textos. Se assim fosse, estaríamos simplesmente substituindo a lista de itens gramaticais e de vocabulário pela lista de gêneros discursivos: "Hoje a aula foi sobre *verb to be* e *simple present*" para "Hoje a aula foi sobre *letters* e *campaigns*". Isso também não quer dizer que discutir as características, tornar-se apto a reconhecê-las e poder classificar e nomear não façam parte da aula. Mas o objetivo de ensino não é esse. O objetivo de ensino é oportunizar a prática do educando com textos na posição de interlocutor e de autor. O objetivo, portanto, para os educandos é aprender as expectativas relacionadas aos textos usados em diferentes campos de atividade humana, posicionando-se em relação aos sentidos e ao texto em si e participando através deles nas esferas que já conhece ou das quais quer e poderá vir a participar.

Assim, entender as características ou as regras para a elaboração de uma boa *campaign* pouco importa se não temos oportunidades significativas de nos tornarmos interlocutores ou autores de uma campanha e, assim, podermos ter a experiência e a possibilidade de avaliar a função social desses textos levando em conta por quem, para quem, por quê e como são produzidos. Em outras palavras, o objetivo não é "ensinar *campaigns*", mas "ensinar a lidar com *campaigns*", compreendendo os textos que as põem em prática, sendo interlocutores e autores de campanhas diversas. É também aprender a lidar com outros tantos textos (fotos, *slogans*, listas, cartas) que podem, nesse exemplo específico, servir para a construção do texto mais amplo *campaign*. Compreender a função social de cada um desses textos, levando em conta o aqui-e-agora que estamos construindo com eles, nos dará a possibilidade de participar de maneira mais segura nas interações que podemos ter ao longo de nossa vida.

Muitas vezes ouvimos que o texto oral e o texto escrito são dois lados de uma mesma moeda, sendo que textos escritos têm características mais rígidas ou formais do que textos orais. Se partirmos de uma perspectiva de gêneros do discurso, tal afirmação não se justifica tão facilmente, pois os parâmetros que utilizamos para avaliar a formalidade ou as demandas mais rígidas de um ou outro texto (oral ou escrito) serão sempre a interlocução, o propósito e as demais condições de produção e de recepção do texto. Textos aparentemente apenas orais podem envolver exigências de formato e de formalidade bastante rígidas, como é o caso, por exemplo, dos textos que construímos para realizar uma missa, uma audiência pública ou a posse de um presidente. O mesmo acontece com determinados textos escritos, como, por exemplo, uma bula de remédio ou uma ata de uma assembleia ou de uma reunião de condomínio.

Considerando que cada texto é único e está à mercê dos interlocutores que o estão construindo, isso não quer dizer que sejam textos impossíveis de serem mudados (textos são sempre e novamente construídos pelos interlocutores em novas situações). Contudo, isso quer dizer que há demandas talvez mais sedimentadas (porque mais antigas ou porque mais difundidas) em relação ao que é esperado. O resultado disso é que não respeitar essas "normas" demandará mais energia e justificativas. Resumindo: as características do texto (oral ou escrito) estão condicionadas à interlocução proposta. Ao passo que algumas características podem com o tempo se tornar mais estáveis, como iniciar um *e-mail* ou um telefonema com uma saudação e concluir com uma expressão de fechamento, todas as escolhas do repertório linguístico utilizado vão ser definidas levando em conta para quem, por quê e com que objetivo estamos escrevendo/falando.

Uma implicação importante para a construção de conteúdos curriculares com base em gêneros do discurso é o fato de que haverá maior variação e interrelação entre os conteúdos arrolados para diferentes anos escolares. Como vimos acima, são os projetos para participar em determinados campos de atuação e os textos usados para isso que demandarão a aprendizagem de recursos linguísticos. Então os mesmos recursos podem estar presentes em vários anos escolares ou jamais serem alvo de ensino (embora provavelmente estejam presentes nos textos), porque o critério para abordá-los em aula é eles se tornarem relevantes para a ação proposta. Em outras palavras, o objetivo de uma aula de Inglês ao apresentar e praticar recursos linguísticos específicos estará a serviço da compreensão e da produção de textos, possibilitando, assim, a participação do educando nos projetos pedagógicos planejados em conjunto.

Quais textos são foco das atividades em sala de aula?

Os textos que vamos ler e escrever serão textos que atualizam gêneros do discurso que fazem parte de diferentes práticas sociais relevantes. São os textos que circulam entre as pessoas críticas, criativas e atuantes que participam de discursos públicos. São os textos que medeiam as ações dessas pessoas nesses discursos. Para organizar a progressão de ensino e aprendizagem de língua adicional na educação linguística escolar, portanto, o critério central é adequação dos textos à maturidade dos estudantes na turma, o que pode variar muito. Essa maturidade diz respeito não apenas a idade e desenvolvimento físico, intelectual, social e afetivo, mas também ao que eles já conhecem e fazem, às experiências que já têm como leitores e ainda em termos de quanto são capazes de aceitar como desafio na língua adicional.

Assim, a progressão tem como referência os cenários e atividades em que os alunos se envolvem ou podem se envolver. Isso significa que, em todas as etapas, os alunos vão mobilizar diversas competências e habilidades que compõem as práticas de ler, escrever e resolver problemas, de maneira integrada, com uma progressão de textos que pertençam a esferas sociais mais próximas, seguindo para outras menos próximas, respeitando suas experiências prévias com os objetos de aprendizagem. Ao mesmo tempo, parte-se do mais concreto para o mais abstrato, sendo que os gêneros do discurso sugeridos podem se repetir ao longo das etapas, mas, em outras esferas, a serviço das discussões e dos projetos a serem desenvolvidos. A ideia é progredir de textos e gêneros do discurso mais familiares para os menos familiares.

Relação entre textos e conteúdos linguísticos

Conforme já apontamos, os projetos de ensino e aprendizagem não são planejados a partir da listagem de conteúdos de gramática e vocabulário da língua adicional, nem mesmo partem de recursos linguísticos comunicativos a ensinar de antemão. No esboço inicial de planejamento de projetos na temática **Identidades**/Futebol (Quadro 5B), não chegamos propriamente nesse nível de detalhamento, uma vez que não seguimos para os passos mais avançados de planejamento que demos para o projeto ilustrativo da temática **Ambiente**/Saneamento. Como você verá a seguir na ilustração com base no projeto *Bem na foto*, os textos com os quais os estudantes vão lidar irão pautar quais recursos expressivos, linguísticos e comunicativos (incluindo gramática e vocabulário), serão necessários para o desafio que eles terão.

Oportunamente, de acordo com as demandas das atividades do projeto, pode haver tratamento explícito de gramática e vocabulário. Assim também poderão figurar outros elementos de metalinguagem que dizem respeito à natureza gráfica e visual dos textos, igualmente importante para a leitura, mas tradicionalmente ausentes na descrição das línguas e pouco destacados no ensino de línguas. Para todo o trabalho delineado aqui, nossos esforços convergem para a arquitetura de tarefas pedagógicas em que os próprios educandos queiram buscar recursos para a solução de problemas e a satisfação de curiosidades e desejos de conhecimento que eles próprios considerem relevantes. Se estiverem engajados na busca do que é necessário para compreender os textos e fazer coisas no mundo que todos entendemos ser proveitoso fazer, serão eles a reconhecer e mesmo a solicitar a apresentação dos recursos linguísticos e comunicativos que constituem o tesouro expressivo das línguas. Assim, os textos e as demandas de leitura que esses enunciados orais e escritos impõem aos estudantes serão os motivadores para a nossa escolha de quais conteúdos estudar com nossos alunos.

Ao trabalhar com textos que circulam de fato e que, portanto, não controlamos, será preciso selecionar que aspectos linguísticos serão focados. Em textos assim, a língua está integralmente presente e não é possível ensinar tudo. De fato, precisamos mesmo resistir à ideia muitas vezes arraigada em nós, professores, de ver em cada segmento de texto uma oportunidade de ensinar. Num ensino que tem como fim maior a aprendizagem, o ensinar deve estar subordinado ao aprender. Assim, é importante que estejamos atentos ao que os estudantes naquele grupo, naquele projeto, naquela atividade pedagógica precisam que lhes ensinemos. Para tanto, estar atento e preparado para atender aos pedidos de ajuda pode ser mais útil do que oferecer ajuda não solicitada.

Nas atividades pedagógicas que antevemos com as tarefas preparatórias do projeto *Bem na foto*, que ilustrará a seguir esta discussão, por exemplo, uma lista extensa de itens de gramática e vocabulário pode se tornar relevante. Alguns deles nos parecem mais prováveis do que outros na preparação dos estudantes para enfrentar os desafios propostos, como o uso de adjetivos para fazer comentários na expressão de preferências. Contudo, ali estarão o indefectível e inevitável *verb to be*, o caso superlativo (*best*), o vocabulário para animais e números, e muito mais. Não vamos esgotar nada disso no projeto, nem mesmo vamos pôr um foco sobre esses itens nas tarefas propostas, mas é possível que, numa atividade pedagógica a partir dessas tarefas durante a execução do projeto, eles venham a se tornar relevantes. Não seria interessante ter os alunos a pedir que ajudássemos a turma com esses itens? Nesses casos, os livros didáticos padronizados disponíveis nas escolas podem servir como recursos legítimos para a prática pedagógica cotidiana, pois todos trazem exercícios focando itens linguísticos e comunicativos dessa ordem.

Projetos pedagógicos: construindo o percurso de aprendizagem na disciplina e a relação com os outros componentes curriculares

Um projeto pedagógico é uma proposta de produção conjunta da turma em relação ao tema selecionado que vincule os objetivos de ensino do eixo temático e dos gêneros do discurso implicados à participação efetiva dos alunos na comunidade escolar e fora dela.

O projeto

→ norteia o trabalho, definindo objetivos de leitura e de produção, de análise e reflexão linguística e de recursos expressivos a serem focalizados em atividades preparatórias;

→ confere coerência interna à unidade, justificando todas as tarefas pedagógicas que o constituem e a avaliação.

Os projetos envolvem sempre

→ uma produção final com o objetivo de usar a língua e os conhecimentos aprendidos com propósitos e interlocutores definidos e coerentes com o tema em discussão;

→ publicidade e avaliação a partir da recepção pelos interlocutores a quem foram dirigidos.

A proposta de organização de um currículo interdisciplinar e de planos de estudos com base em projetos pedagógicos pode demandar várias mudanças em contextos escolares tradicionalmente organizados por disciplinas e por listas rígidas de conteúdos a serem cumpridos. Como sugere nosso próprio percurso na construção desta coleção, várias são as soluções possíveis para colocar um currículo interdisciplinar em prática através de uma pedagogia de projetos. Conforme discutimos no capítulo 1, tanto a opção mais vigorosa de uma proposta político-pedagógica completamente baseada nessa perspectiva como as iniciativas mais tímidas de pequenas parcerias entre colegas que se encontram na hora do intervalo podem ser importantes e representativas no contexto em que ocorrem.

De qualquer maneira, é importante lembrar que, em qualquer projeto, para alcançar os resultados que buscamos, é necessário planejar as etapas necessárias para alcançá-los. Isso envolve pensar com antecedência sobre o percurso e sobre problemas que podemos enfrentar, para poder prever caminhos alternativos, caso isso seja necessário. Nos Quadros 4B e 5B, a seguir, apresentamos o planejamento geral dos percursos antecipados para cada um dos projetos propostos. É interessante que esse planejamento seja feito também em conjunto com os alunos, para que todos os participantes tenham claro desde o início onde se comprometem a chegar, como pretendem empreender o percurso e quem é responsável pelo cumprimento de cada etapa.

Como você pode conferir nos quadros, as etapas de um projeto envolvem a problematização e a contextualização do problema; a leitura de textos; a produção de textos, a avaliação e a análise de novas possibilidades de participação. Cada uma dessas etapas inclui várias tarefas preparatórias, tarefas de apoio, tarefas de avaliação, de retomada e de redirecionamentos e de relação com outros componentes curriculares.

QUADRO 4B Planejamento geral das etapas dos projetos AMBIENTE/SANEAMENTO

Este planejamento é o ponto de partida para a organização de tarefas a serem desenvolvidas no projeto[9]

6º ano	7º ano
I - *Island of Flowers* Foco: relação das problemáticas trazidas pelo filme com o mundo em que vivo Contextualização do filme. Discussão sobre o valor simbólico do filme em outras línguas. Compreensão: ficha técnica. Construção de repertório linguístico para descrever pessoas. Produção: perfil dos personagens.	I - *Island of Flowers* Foco: relação imagem e texto do filme e o impacto das imagens, já que o projeto prevê o trabalho com fotografias. Contextualização do filme. Discussão sobre o valor simbólico do filme em outras línguas. Compreensão: ficha técnica e definições, imagens e sinopse. Construção de repertório linguístico para opinar. Produção: opinião sobre o filme.
II - Quadrinhos da Turma da Mônica (em inglês) sobre ambiente, lixo e água Foco: compreender o que essas questões têm a ver comigo e com o meu mundo para propiciar novos entendimentos do filme. Contextualização dos quadrinhos: circulação social e funções. Discussão sobre o valor simbólico dos quadrinhos da Turma da Mônica em outras línguas. Compreensão: relacionar as problemáticas levantadas para a discussão da temática. Compreensão: modos de organização; personagens, enredo, efeitos de sentido de recursos gráficos (balões, fonte, letras maiúsculas, etc.). Ampliação do repertório linguístico para descrever pessoas Produção: perfil dos personagens.	**II - Campanha *World Water Day* (ONU)** Compreensão: cabeçalho e página inicial do *site*. Compreensão: *World Water Day*.
III - Convites e cartazes Estudo de diferentes convites e cartazes. Construção de repertório linguístico para elaborar convites e cartazes.	**III - Imagens do mundo** Compreensão: convite para participar de campanha. Construção de repertório linguístico para a escrita de legendas e de comentários.
IV - Produção de quadrinhos, convites e/ou cartazes para a divulgação de peça de teatro da turma Confecção de quadrinhos em inglês para serem usados como convites/cartazes para a peça (que será encenada em português) pela turma ou também para serem distribuídas antes/depois da encenação. Criação de personagem, conflito, falas, imagens. Construção de repertório linguístico relevante para a produção de texto.	**IV - Produção de texto: coletânea de fotos e postagem das fotos no Flickr** Produção de coletânea de fotos. Produção de legendas para as fotos. Criação de álbum no Flickr e participação na campanha.
V - Retomada do filme *Ilha das Flores* e dos demais conteúdos para (auto)avaliação do que foi aprendido **VI - Outras possibilidades de participação a partir dos resultados deste projeto**	**V - Retomada do filme *Ilha das Flores* e dos demais conteúdos para (auto)avaliação do que foi aprendido** **VI - Outras possibilidades de participação a partir dos resultados deste projeto**

9. Com base neste planejamento geral, será possível prever a infraestrutura necessária (sala de vídeo, laboratório de informática, biblioteca, equipamentos, etc.) para o desenvolvimento do trabalho na escola e também decidir se haverá saídas da escola. Desse modo, a organização poderá ser feita com a turma com a devida antecedência.

8º ano	9º ano
I - *Island of Flowers* Foco: avaliação da representatividade dos fatos apresentados no filme em comparação com os fatos e números de hoje. Contextualização do filme. Discussão sobre o valor simbólico do filme em outras línguas. Compreensão: ficha técnica, definições, imagens, sinopse, fatos e dados apresentados no filme. Construção de repertório linguístico para comentar fatos e dados. Produção: comentários sobre fatos e dados.	I - *Island of Flowers* Foco: avaliação das imagens selecionadas no filme e as discussões que elas levantam: razão para a seleção, impacto pretendido, atualidade, o que colocariam no lugar hoje, dimensão de problemas levantados, responsabilidades de intervenção. Contextualização do filme. Discussão sobre o valor simbólico do filme em outras línguas. Compreensão: ficha técnica, sinopse, linguagem, estrutura e roteiro do filme. Construção de repertório linguístico para opinar. Produção: opinião sobre tópicos tratados no filme e crítica sobre características cinematográficas do filme.
II - Campanha *World Water Day* (ONU) Compreensão: cabeçalho e página inicial do *site*. Compreensão: *World Water Day*.	**II - Outros pontos de vista** Compreensão: filmes de ficção e documentários relacionados ao tema. Compreensão: críticas desses filmes e entrevistas com diretor, atores e outros participantes dos filmes. Construção de repertório linguístico para reportar a fala do outro e para comparar portos de vista. Estudo de *storyboard* e roteiro de filme.
III - Dados concretos para uma campanha Compreensão: *Water and Cities – Facts and Figures – A Snapshot* – material e divulgação de campanha, maneira de apresentar fatos e dados para justificar o convite à intervenção. Construção de repertório linguístico para apresentar fatos e dados.	**III - O que dá um filme?** Exploração de fontes para a construção do repertório de informações para dar consistência ao problema tratado no filme. Discussão sobre condições de saneamento locais para decidir o que dá um filme. Construção do enredo e de personagens ou seleção de pessoas para entrevista. Construção de *storyboard* e do roteiro e seleção da locação do filme. Construção de repertório linguístico necessário para a elaboração das falas e das legendas do filme.
IV - Produção de painel com dados da localidade Exploração de fontes para a construção do repertório de informações para preparar o painel. Comparação entre fontes para avaliar representatividade e confiabilidade dos dados de acordo com autoria e propósito do texto. Discussão sobre o poder da informação, relação entre seleção e apresentação da informação e propósito. Construção de repertório linguístico para a elaboração de painel com dados sobre sua localidade (com base no levantamento de dados feito). Produção: seleção e organização da informação e de imagens, formatação, legendas de fotos para o painel.	**IV - Produção do *trailer* de filme de ficção ou de pequeno documentário e de materiais de divulgação** Filmagem, edição e legendagem. Seleção de trilha sonora. Produção do material de divulgação (ficha técnica, sinopse e cartaz).
V - Retomada do filme *Ilha das Flores* e dos demais conteúdos para (auto)avaliação do que foi aprendido	**V - Retomada do filme *Ilha das Flores* e dos demais conteúdos para (auto)avaliação do que foi aprendido**
VI - Outras possibilidades de participação a partir dos resultados deste projeto	**VI - Outras possibilidades de participação a partir dos resultados deste projeto**

QUADRO 5B Planejamento geral das etapas dos projetos IDENTIDADES/FUTEBOL[10]

Este planejamento é o ponto de partida para a organização de tarefas a serem desenvolvidas em sala de aula[11]

6º ano	7º ano	8º ano	9º ano

I - Portal de internet da FIFA[12]

Compreensão:

Contextualização do *site*: que *site* é? Para quem? Como está organizado? O que tem?

Discussão sobre o valor simbólico do uso de línguas adicionais: por que entrar no *site* em inglês?

Exploração do *site* para discutir: qual é a dimensão do mundo do futebol? Como o *site* vê os times brasileiros? Quais são os times e jogadores que circulam no *site*? O que é notícia?

Exploração do *site* para discutir: o que consigo entender? O que não consigo entender? Como posso participar? O que quero ler e aprender?

Produção:

Criação de avatar no *site* da FIFA.

II - Leitura de texto específico

Tarefas de preparação para a leitura, leitura e estudo do texto em foco, problematizando questões relevantes ao gênero do discurso.

III - Construção de repertório linguístico para a produção de texto

Tarefas para a construção e a prática de recursos expressivos necessários para a produção proposta.

IV - Produção do texto proposto

Tarefas para ampliação dos recursos expressivos relevantes.

Tarefas de escrita, reescrita e publicação dos resultados do projeto.

V - Retomada dos conteúdos para (auto)avaliação do que foi aprendido

VI - Outras possibilidades de participação a partir dos resultados deste projeto

---

10. Este quadro apresenta as etapas dos projetos de uma maneira bem ampla, apenas indicando o mesmo percurso que foi apresentado de forma mais detalhada no quadro anterior (**Ambiente**/Saneamento). Como você verá na discussão projeto *Bem na foto*, seção a seguir, o planejamento das tarefas que vão dar concretude a cada uma das etapas é feito com base no que já conhecemos dos nossos alunos, na análise dos textos e da proposta de produção do projeto e das condições que temos na sala de aula e na escola.

11. Com base neste planejamento geral, será possível prever a infraestrutura necessária (sala de vídeo, laboratório de informática, biblioteca, equipamentos, etc.) para o desenvolvimento do trabalho na escola e também decidir se haverá saídas da escola. Desse modo, a organização poderá ser feita com a turma com a devida antecedência.

12. O planejamento deste projeto na sua Parte I é o mesmo para todos os anos, podendo inclusive ser feito em conjunto. A razão para isso é que conhecer e navegar no *site* da FIFA é etapa necessária para todos os projetos. Para isso, cada aluno deverá se cadastrar e construir um avatar para ter acesso aos textos que serão trabalhados. Também o professor deve fazer o mesmo. As Partes II a VI são construídas de acordo com cada projeto, levando em conta os gêneros do discurso e repertório linguístico necessário para a compreensão e a produção.

Na próxima seção, ilustramos como um dos planejamentos iniciais que compõem o quadro maior de abordagem interdisciplinar da temática **Ambiente**/Saneamento poderia ser concretizado em uma unidade didática no componente curricular de Inglês como Língua Adicional. Faremos isso pela exposição detalhada de um possível projeto para turmas de 7º ano dedicadas a refletir sobre "Imagens de histórias coletivas" pela busca de respostas a indagações como "O que as imagens que ilustram a campanha *World Water Day 2011* mostram sobre as condições de saneamento no mundo? E na sua localidade, você sabe quais são as condições de saneamento básico?" Trata-se do projeto *Bem na foto*, que busca tornar os alunos aptos a participarem de maneira crítica, criativa e atuante no debate de tais questões. Antes de apresentarmos detalhadamente a unidade didática, discutimos ainda algumas práticas relacionadas ao desenvolvimento dos projetos, explicitando possíveis dificuldades e sugestões para superá-las.

Tarefa, atividade e prática pedagógica

Ao longo deste livro, operamos com uma distinção que nos ajuda a lembrar que, se é verdade que precisamos planejar cuidadosamente os passos a dar nas nossas aulas, o que os estudantes efetivamente fizerem a partir das nossas propostas é o que de fato vai levá-los a aprender. Assim, usamos a expressão **tarefa pedagógica**, ou simplesmente o termo **tarefa**, para nos referirmos a uma proposta aos alunos quanto ao que vamos fazer, tendo em vista determinados propósitos e interlocutores. Uma tarefa pedagógica, portanto, consiste no planejamento e no direcionamento de atividades que queremos ver realizadas pelos participantes do evento educacional escolar, incluindo a explicitação, completa ou parcial, do contexto de uso da linguagem ao qual a tarefa alude.

A construção de tarefas pedagógicas deve levar em conta os elementos do contexto de produção/recepção de um texto (falado/escrito): a posição de enunciação do falante, o propósito do falante, o interlocutor para quem se dirige o texto, a modalidade utilizada (interação face a face, texto escrito, etc.) e a organização composicional do que será dito, o que resulta da relação entre os primeiros. A tarefa também explicita a participação projetada para os alunos: atividade individual (por exemplo, leitura silenciosa, perguntas sobre dados pessoais, prática de determinadas habilidades individuais, etc.), atividade em duplas ou em pequenos grupos (por exemplo, resolução coletiva de alguma questão, discussão sobre um texto, conferência de respostas, escrita coletiva, avaliação das produções feitas, etc.), ou atividades entre alunos e professores ou ainda entre alunos e outros participantes da comunidade escolar ou fora dela. São essas orientações quanto à participação projetada que explicitam ao aluno como entendemos os procedimentos para fazer aprendizagem e o que se espera dos participantes em sala de aula para construírem momentos de aprendizagem, conforme discutido no capítulo 2.

Já quando empregamos a expressão **atividade pedagógica**, ou simplesmente o termo **atividade**, nos referimos à realização em si da proposta, isto é, da tarefa (ou de variações dessa proposta), concretamente nas ações locais dos participantes envolvidos. Sendo essas atividades um conjunto de ações sociais encadeadas, elas vão se concretizar conforme o andamento das interações sociais entre os participantes. As atividades, portanto, são apenas parcialmente previsíveis e sempre transformáveis no seu decorrer. Afinal, sabemos bem que uma mesma tarefa às vezes se realiza em atividades de um jeito com uma turma de 7º ano e de outro jeito bem distinto com a turma seguinte.

Práticas pedagógicas são os conjuntos de práticas sociais para dar conta de ensinar, constituem aquilo que o professor tem na manga, na caixa, no armário da sala, na memória, na sua experiência, na sua caminhada, isso tanto em termos físicos, de materiais planejados, preparados e testados, quanto em termos, menos tangíveis, de experiências (pessoais ou coletivamente construídas com colegas) de implementação de tarefas-como-esta-em-andamento ou assemelhadas, de jogo de cintura para ouvir, refletir durante a prática e embarcar conscientemente na reconfiguração da tarefa à medida que a atividade vai se concretizando neste aqui-e-agora, e assim passa a compor e recompor o seu repertório.

Práticas de sala de aula: o planejamento de um projeto de aprendizagem com os alunos

Considerando os passos seguidos até aqui, a saber:

→ observar o contexto de ensino e as condições para a aprendizagem, para pensar em como podemos viabilizar um projeto de aprendizagem (conforme proposto nos Quadros 1, 2 e 3, capítulo 2);

→ decidir em conjunto (com colegas professores e com os alunos) sobre um eixo temático que poderá mobilizar os alunos e em que haja possibilidade de a escola assumir um papel relevante para a participação dos alunos de maneira confiante em cenários de atuação na sociedade (conforme proposto nos exemplos apresentados nos Quadros 4 e 5 neste capítulo);

→ dimensionar o que pode ser desenvolvido nas aulas de Línguas Adicionais para contribuir para esses objetivos (resultado das ações acima);

→ compreender que um projeto é um plano de ação que envolve o planejamento de etapas para se chegar a determinados resultados;

→ compreender que um projeto envolve a elaboração de tarefas pedagógicas, flexibilidade e criatividade do professor para adaptar as tarefas a seus alunos de modo que eles se engajem em atividades produtivas e uma avaliação de acordo com os objetivos propostos,

passemos agora à ilustração do desenvolvimento de um possível projeto de aprendizagem, apresentando algumas ações que gostaríamos de promover em sala de aula para possibilitar o envolvimento do aluno na aprendizagem da língua adicional.

Entendemos que, para dar conta das metas de ensino de Línguas Adicionais na escola, isto é, para promover

→ o autoconhecimento do educando,

→ o letramento, isto é, sua participação mais confiante e criativa em discursos em português e em inglês, e

→ a relação de conhecimentos (interdisciplinaridade) para lidar com a sua vida,

é importante que a aula de Inglês se caracterize como um espaço de propostas variadas e interessantes para que a turma possa interagir e se engajar em aprendizagens conjuntas.

A seguir, discutimos propostas que consideramos propícias para construir momentos de aprendizagem na sala de aula e exemplificamos essas propostas com tarefas que construímos para um projeto ilustrativo (*Bem na foto*) que poderia ser desenvolvido em um 7º ano do ensino fundamental, conforme apresentado anteriormente no Quadro 4A. Salientamos que o intuito da apresentação das tarefas aqui é concretizar um ponto de referência para a nossa discussão com você sobre diferentes maneiras de fazer o planejamento e coordenar o desenvolvimento de um projeto. O que importa é compreender o que as tarefas representam em termos de ações que queremos promover em sala de aula, não a tarefa ou o texto em si que escolhemos para esta ilustração neste capítulo. Os textos e as tarefas serão sempre decididos e adaptados de acordo com o projeto a ser desenvolvido com uma turma específica de alunos de carne e osso, como os que você terá diante de si.

Em outras palavras, assumindo com você o papel de participantes mais experientes com formação para atuar como professores, sabendo o que queremos fazer acontecer e as razões por que é importante que aconteça em aula o que sabemos que precisa ser feito para promover a aprendizagem, discutimos a seguir um planejamento orientado por essas convicções. Um planejamento mais fino é sempre necessário para projetar o percurso geral que antevemos até os produtos finais que projetamos. Na condução de um projeto de fato, com uma turma concreta, porém, vamos construindo com os alunos as ações específicas que, na proposta de projeto discutida aqui, são ações projetadas, que se espera construir a partir das orientações e perguntas que formulamos em cada tarefa.

Vamos retomar aqui as relações que propusemos no Diagrama 1 (capítulo 2, p. 52), reproduzido abaixo.

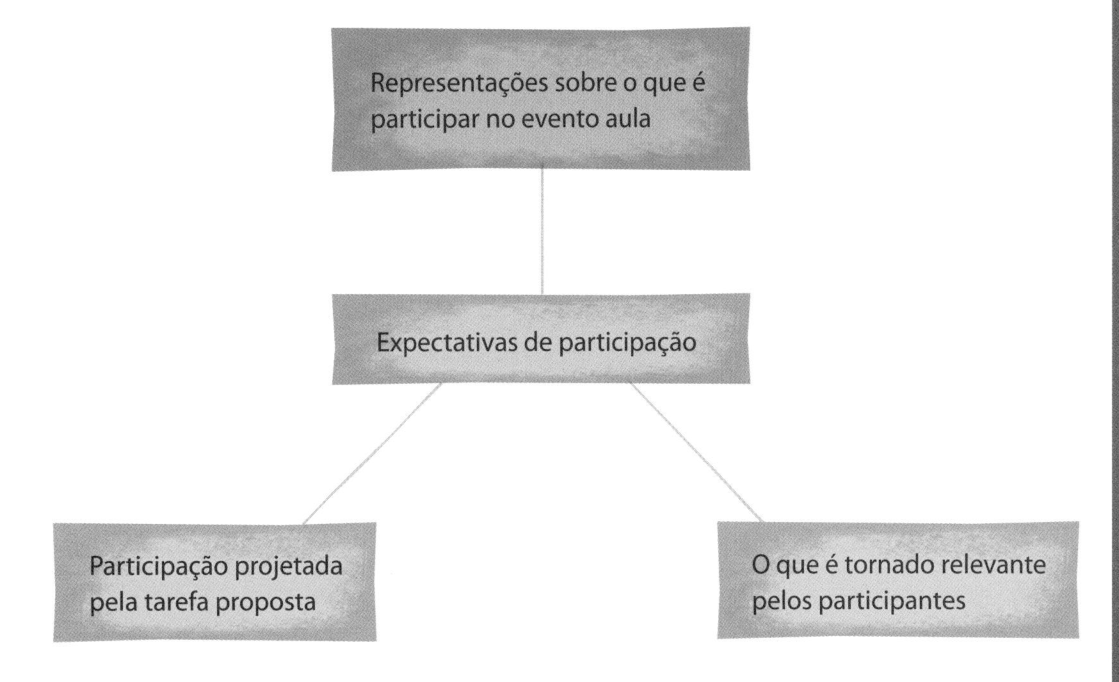

Conforme vimos, as projeções que fazemos quanto à participação de todos no evento aula (trabalho em grupos, trabalho em silêncio, professor falando e alunos escutando, etc.) orientam os objetivos das tarefas que propomos, isto é, as orientações aos alunos do que eles devem fazer. São as tarefas, como propostas de atividades pedagógicas, portanto, que vão sinalizando ao aluno o que o professor entende como aprendizagem, o que ele acredita que é importante ser feito em sala de aula e o que será avaliado – uma parte decisiva desse recado. Isso não quer dizer que as orientações (tarefas) do professor serão interpretadas da mesma maneira por todos, e é possível que grande parte dos alunos entenda de maneira distinta da nossa o que estamos propondo. De fato, é preciso rever e ir aprimorando a nossa maneira de produzir orientações para nos aproximarmos cada vez mais das respostas que queremos ter dos nossos interlocutores. De todo modo, as interpretações das tarefas vão sendo construídas mesmo é na interação entre todos os participantes de acordo com o que vai sendo tornado relevante para eles. E assim todos juntos vão construindo as atividades que realmente acontecem para todos os fins práticos. Nesta seção, vamos retomar o que entendemos por "participar para aprender inglês" e como isso pode ser transformado em tarefas, ou seja, em orientações para os alunos sobre o que fazer em sala de aula.

Para esta reflexão, é bom ter em conta que muito do que propomos tradicionalmente aos alunos resulta de repetirmos com eles as propostas que tivemos na nossa experiência como alunos. A longa formação como professores, que na verdade começa pela observação de modelos que tivemos desde o início da nossa carreira escolar como alunos, pode configurar uma rotina da qual nem sempre é fácil afastar-se. Afinal, não é exagero dizer que os professores têm o estágio profissional mais longo entre todas as profissões. Nesse longo estágio, muitas vezes nem sequer pudemos refletir sobre o que as propostas dizem em relação a nossa visão acerca de como se pode aprender uma língua adicional ou de como se poderia engajar outras pessoas em experiências positivas de aprendizagem. Os livros didáticos podem ser muito úteis ao nos fornecerem tarefas prontas, mas também foram concebidos conforme certas concepções de como se aprende uma língua adicional ou de como engajar outras pessoas em experiências positivas de aprendizagem. Contudo, nem sempre nos levam a refletir sobre as peculiaridades da nossa situação concreta e menos ainda sobre o lugar do ensino de línguas adicionais na educação linguística e na educação escolar mais amplamente.

Nosso convite aqui é conhecer o que mobiliza os alunos para, a partir disso, buscar construir com eles o que eles podem aprender para participar de novas e antigas práticas sociais, de maneira mais confiante, porque tiveram aula de Inglês na escola: em outras palavras, descobrir com eles as razões e a disposição para aprender inglês.

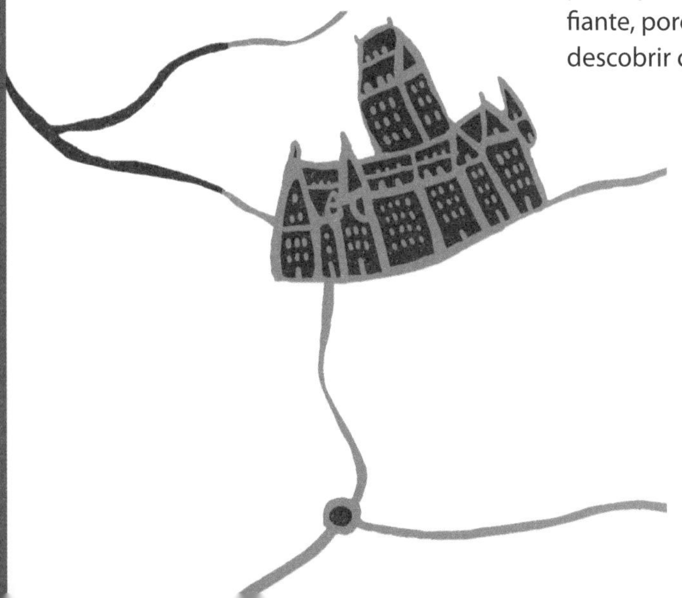

O PLANEJAMENTO DO PROJETO *BEM NA FOTO*

O planejamento detalhado para o projeto *Bem na foto* foi elaborado a partir do planejamento geral apresentado no Quadro 4A neste capítulo. Sugerimos que, antes de ler esta seção, você retome o planejamento geral para o 7º ano a fim de ter presente como esse projeto se insere na proposta geral que abrange todos os anos e prevê relações com os demais componentes curriculares. Feito isso, reflita conosco sobre as ações que consideramos propícias para a aprendizagem e que gostaríamos de presenciar na aula de Inglês durante o desenvolvimento do projeto. Todas as ações apresentadas nas expressões em destaque a seguir são exemplificadas na sequência de tarefas do projeto *Bem na foto*, que está no final desta seção. Sugerimos que você faça a leitura desta seção à medida que vai analisando as tarefas planejadas no projeto *Bem na foto*, a partir da página 112.

Diagnosticar o que o aluno já sabe para saber qual é o ponto de partida para a construção do conhecimento

Para construirmos conhecimento, é necessário ancorarmos o novo no que já é conhecido, e isso significa criar oportunidades, em sala de aula, para o aprendiz se dar conta do que já conhece, valorizar e dimensionar os conhecimentos já construídos, conversar sobre onde e como se aprende, para assim entender que há várias fontes e maneiras de aprender e que esses conhecimentos são importantes para seguir adiante.

No projeto proposto aqui como ilustração (*Bem na foto*), queremos descobrir, por exemplo, o que o aluno já sabe sobre:

→ o abastecimento de água, o tratamento de resíduos e a relação entre água, lixo e a população da sua localidade;

→ as condições de saneamento básico na sua localidade;

→ o uso de imagens para estabelecer relações com o que está sendo dito, ilustrando, dando consistência e aprofundando as ideias apresentadas;

→ o uso de imagens para mostrar condições de vida de diferentes sociedades e para fazer denúncias sobre problemas relacionados ao saneamento;

→ a função social de diferentes gêneros do discurso para posicionar-se na leitura e na produção de texto;

→ o alcance das formas expressivas de língua inglesa para compreender e produzir textos em inglês;

→ as estratégias de compreensão e de produção em inglês;

→ a relação dos conhecimentos propostos com outros conhecimentos e outros componentes curriculares na escola.

Para manter continuamente esse diagnóstico, são propostas perguntas para que os alunos compartilhem o que já sabem. Confira, por exemplo, as perguntas introdutórias, em "Pra começo de conversa..." ("O que as imagens que ilustram a campanha *World Water Day 2011* mostram sobre as condições de saneamento no mundo? E na sua localidade, você sabe quais são as condições de saneamento básico?") e a solicitação para que lancem mão de conhecimentos prévios nas Tarefas 6a e 6c da Parte I ("As imagens que vocês sugerem refletem o que acontece na sua localidade? Discuta com a turma: vocês associam alguns problemas enfrentados pela sua comunidade em relação a essas questões? Quais?"). Perguntas como essas são importantes para que os alunos possam construir as pontes necessárias para a aprendizagem do que é novo ou para redimensionar o que já conhecem. Ao analisar a unidade didática *Bem na foto*, você poderá encontrar vários outros exemplos em que essa ponte é sugerida como introdução aos textos, às discussões e às propostas de uso da língua inglesa. Sugerimos que você identifique outros exemplos e que também anote suas próprias maneiras de fazer essas pontes.

Esse cuidado em fazer pontes entre o conhecido e o novo também justifica o uso da língua portuguesa nas orientações das tarefas. Como você pode ver, todas as tarefas foram construídas em português. Isso não quer dizer, no entanto, que deva ser assim. Ao diagnosticar que os alunos já se expressam em inglês, o professor pode e deve construir as orientações em inglês: a sala de aula em inglês pode ser um espaço que acontece cada vez mais em inglês! Se esse é também um dos objetivos a serem alcançados, é importante pensar em estratégias para tornar isso possível, por exemplo, ensinar aos alunos desde o início expressões como: *Hello. Good morning/afternoon/evening. Get together in pairs/in groups of three. I'll give you five minutes to do this task. Some minutes for you to do some brainstorming. Let's get back on task. Let's discuss these questions. Let´s all be quiet now. Let's have a little silence so we can concentrate. Any questions? How do you say ... in English/Portuguese? What does ..... mean? Perfect! See you next class.* Os alunos podem organizar um painel com essas expressões na sala de aula e ir substituindo ou acrescentando outras ao longo de sua trajetória nas aulas de Inglês.

Apresentar ao aluno um problema para que ele possa se dar conta de que o que ele já sabe não é suficiente para dar conta das exigências de participação valorizadas pela sociedade contemporânea e que, portanto, se justifica buscar mais conhecimentos

Para justificar a necessidade de debruçar-se sobre textos em inglês, não é suficiente explicar para o aluno que "aprender inglês é importante na sociedade contemporânea" ou "aprender inglês é necessário para conseguir um bom emprego" ou apresentar outra velha notícia, velha porque muito provavelmente o aluno ouviu esse discurso. É importante que o aluno tenha oportunidade de tomar consciência, em sala de aula, da sua limitação por não conhecer esses recursos expressivos. Assim, ele poderá vislumbrar o que a escola e a aula de Línguas Adicionais podem oferecer para superar essa limitação com vistas a atuar com confiança em seu próprio mundo. Com aulas de Inglês que ofereçam desafios e meios de enfrentá-los, vai ser possível compreender por

que entrar em contato com textos (orais e escritos) em inglês e compreendê-los pode fazer diferença para uma cidadania crítica, criativa e atuante. Por isso vamos propor tarefas em que o aluno precise agir e usar seus conhecimentos.

Por exemplo, para compreender as relações feitas no filme *Ilha das Flores* através das imagens apresentadas no filme, é importante propor aos alunos uma reflexão logo no início do trabalho (Parte I, Tarefa 4a) para que eles possam buscar essa compreensão durante o desenvolvimento do projeto, voltar a isso no final e assim tomar consciência plena do que aprenderam nesse período. Ao entrar no *site* da ONU, a proposta de analisar a página inicial (Parte II, Tarefa 1) tem como objetivo desafiar os alunos a usarem o letramento digital que já possuem e a buscarem novos conhecimentos para empreender essa tarefa em inglês. Para poder criar um álbum no Flickr (Parte IV), será necessário preencher um formulário em inglês (Parte IV, Tarefa 3), confirmando o que já sabem e buscando o que falta, e seguir até o fim para obter um *login* e senha. A fim de postar uma foto na galeria do grupo indicado e depois um breve comentário à postagem dos colegas (Parte IV, Tarefa 6), eles provavelmente precisarão buscar e discutir informações na preparação das formas expressivas para agir de modo criativo e afirmado (retomando o que viram anteriormente nas Partes I, II, III).

Como você pode perceber, as tarefas são propostas para participação em espaços de ação mediados pelo uso da língua inglesa. Para isso, o aluno é desafiado a entender como se participa nesse espaço em inglês, quais textos são relevantes nessas práticas sociais e quais formas expressivas (vocabulário e formas gramaticais) são comumente usadas. Fazendo isso, ele vai estar capacitado para participar no aqui-e-agora da sala de aula com segurança e, em ocasiões futuras, na condição de quem já executou esse tipo de procedimento.

Instaurar condições para que o educando perceba e supere limitações a fim de atuar em seu próprio mundo é o ponto de partida para decidir os objetivos de aprendizagem e a duração do projeto

Ser colocado diante de propostas como discutir um filme e participar de uma campanha de conscientização ambiental (como no projeto *Bem na foto*) e do desafio de lidar com elas pode definir as limitações para a participação, mesmo que o educando já esteja familiarizado com essas atividades. São essas limitações diagnosticadas que poderão compor os objetivos centrais do projeto. Entendemos como objetivos centrais todas as ações que levam à participação desejada. E são essas que serão foco do ensino e da (auto)avaliação, conforme veremos mais adiante. Além dos objetivos centrais, poderão entrar em pauta vários outros objetivos relacionados, que dizem respeito a outras possibilidades de aprendizagem.

No projeto *Bem na foto*, são objetivos centrais (foco do ensino e foco da avaliação):

→ discutir o filme *Ilha das Flores*, entendendo a relação entre definições de palavras e imagens relacionadas a saneamento e consumo na história da humanidade;

→ conhecer o que fazem as Nações Unidas e a relação dessas iniciativas com a vida do educando;

→ participar de uma campanha postando fotos de sua localidade e comentando fotos de outras pessoas;

→ usar a língua inglesa para participar das práticas sociais acima.

E são objetivos complementares (conhecimentos adicionais que podem acrescentar informações e aprofundamentos à temática, podendo ser foco de ensino, mas não foco de avaliação neste projeto), entre outros, por exemplo:

→ problematizar a intertextualidade do *Ilha das Flores* (o foco do 7º ano é reconhecê-la e compreender as relações feitas entre imagens e sentidos do texto);

→ transitar pelas diferentes atividades das Nações Unidas (o foco do 7º ano é reconhecê-las para compreender o trabalho desse órgão internacional e sua relação com os alunos);

→ localizar os países no mapa-múndi (essa é uma tarefa proposta na Parte II, Tarefa 4, mas não será avaliada);

→ perceber e atentar para o emprego distinto da vírgula e do ponto nos números em textos em português e em inglês (Parte I, Tarefa 2, Quadro 4).

Os objetivos adicionais levantam parcerias possíveis com professores de outras disciplinas e novas possibilidades de projetos que podem ser desenvolvidos em outros anos escolares ou após a conclusão do projeto atual. É importante estabelecer objetivos claros, possíveis de serem alcançados em um determinado período, para que a turma tenha a possibilidade de concluir as etapas e o projeto, avaliar o que foi alcançado e o que isso lhes torna capazes de fazer.

A definição da duração do projeto depende de várias questões: o ponto de chegada estabelecido em conjunto e as etapas necessárias para alcançá-lo, a extensão dos conhecimentos a serem construídos por todos para viabilizar a proposta, o número de componentes curriculares e de turmas participantes e como isso será organizado, entre outros. Saber onde queremos chegar e as etapas necessárias para isso são procedimentos fundamentais para saber o tempo que será necessário para concluir o projeto. Por outro lado, partir do tempo que temos para delimitar objetivos possíveis também é um percurso desejável: se temos vinte horas disponíveis para um trabalho conjunto, então os objetivos de chegada devem se adequar de maneira realista a isso, para dar a possibilidade de conclusão e de publicação dos resultados alcançados. Planejar de trás para frente e, de acordo com a disponibilidade de tempo que se tem, pode otimizar o planejamento. Por isso é crucial o planejamento em linhas mais gerais, conforme apontamos nos Quadros 4B e 5B.

É importante lembrar ainda que a parceria com outros componentes curriculares potencializa o uso do tempo escolar para o projeto: se vários professores se organizam para alcançar objetivos relacionados e complementares, as tarefas podem ser distribuídas ou compartilhadas em aulas conjuntas. No caso do projeto *Bem na foto*, por exemplo, as etapas iniciais da Parte I do projeto poderiam ser feitas a partir da visualização conjunta do filme pelas turmas do mesmo ano ou turmas de anos diferentes; a análise da página inicial do *site* das Nações Unidas poderia ser feita na aula de Informática; a análise das fotos no Flickr poderia ser compartilhada com os componentes curriculares de Artes e Geografia, cada um aprofundando objetivos específicos e propiciando assim uma participação mais robusta e informada do aluno nas práticas sociais propostas. O fato de o projeto apresentado no volume de Língua Portuguesa e Literatura nesta coleção prever que os alunos irão assistir a *Ilha das Flores* no original em português em nada compromete o que está proposto aqui. Pelo contrário, a familiaridade com o filme pode facilitar o trabalho da turma.

Promover encontros significativos com textos na língua adicional

Na aula de Inglês, lemos e produzimos textos em inglês para participar da vida em inglês. Embora em muitas salas de aula sejam usados textos em inglês, na sala de aula de Inglês é comum ainda encontrar textos construídos especificamente para ensinar itens gramaticais (e não para praticar a leitura) e exercícios que focalizam apenas a decodificação de informações ou a localização de estruturas e de vocabulário no texto. É o que se pode chamar de "texto como pretexto". Exercícios diretamente avaliativos, sem etapas para a construção da leitura e da produção de texto, ou exercícios de leitura que apenas cobram a localização de informações, esses em nada sinalizam nosso compromisso com a aprendizagem significativa na aula de Línguas Adicionais para o autoconhecimento, o letramento e a interdisciplinaridade.

Como você pode conferir no projeto *Bem na foto*, os textos selecionados são textos que acontecem em inglês, são usados por interlocutores que usam essa língua nesses espaços, e isso inclui os alunos, que passam a poder participar também. Assim esses se tornam espaços significativos para eles. Participar de encontros relevantes com textos na língua adicional significa, portanto, participar de fato das práticas sociais construídas através desses textos: assistir a um filme e discuti-lo com colegas, ler uma ficha técnica para saber detalhes sobre esse filme, postar uma foto no Flickr para participar de uma campanha virtual das Nações Unidas, ler e postar comentários sobre fotos nesse *site*.

Você verá que alguns dos textos não são textos produzidos por profissionais. Nos comentários postados em um portal de cinema e no YouTube por pessoas que assistiram ao filme *Island of Flowers* (Parte I, Tarefa 5 e Parte VI, Tarefa 2), há erros de ortografia que não foram corrigidos, o que também nos dá uma noção do grau de exigência que temos na produção escrita em postagens assim. Por outro lado, os textos produzidos profissionalmente, como os do *site* da ONU, não apresentam quaisquer descuidos de ortografia, justamente por serem resultado de produção profissional. Essa observação não deve fazer crer que não há razão para cuidado com "detalhes", como sinais de pontuação, pois eles são cruciais, por exemplo, na compreensão de expressões numéricas (Parte I, Tarefa 2, Quadro 4) em inglês, nas quais vírgulas e pontos são empregados em convenção inversa ao que se pratica em português. E nos comentários postados no portal de cinema e no YouTube, os mesmos já referidos, encontramos o uso de sinais de pontuação como recursos expressivos decisivos na formulação dos enunciados ("*Very interesting. I like it!*") – por isso propomos a dica sobre pontuação na Tarefa 5 da Parte I.

Talvez para algumas turmas em algumas comunidades, o curta-metragem *Ilha das Flores*, o *site* das Nações Unidas ou o álbum de fotos Flickr tragam textos que constituam pouco desafio e não se prestem para aprendizagens significativas. É possível também que daqui a alguns anos estejam de fato superados. Contudo, acreditamos que, em muitas turmas e comunidades neste momento, ainda ofereçam grande desafio e muitas oportunidades de aprendizagem relevante. O curta-metragem segue sendo um texto complexo e atual, duas décadas após o lançamento. As Nações Unidas seguem como esperança de uma governança mundial responsável, o nome da entidade é ouvido praticamente todos os dias no noticiário e, portanto, os educandos vão imediatamente se beneficiar das oportunidades criadas na aula de Inglês para conhecer a entidade e participar diretamente de uma das suas ações. O Flickr se apresenta como meio de organizar registros de tempo e identidade, como já faziam os que tinham álbuns de fotografias, mas exigindo letramento digital e possibilitando o compartilhamento de modo semelhante a como isso se dá nas redes sociais, hoje uma das mais vibrantes fronteiras dos novos gêneros discursivos. Assim, reiteramos que a nossa escolha aqui se dá nesta interlocução com você leitor, como ilustração concreta do que se pode fazer, mas exigindo ajustes de maior ou menor alcance, se forem objeto de execução com uma turma de estudantes de carne e osso situada no seu aqui-e-agora.

Promover encontros positivos com textos na língua adicional para viabilizar a participação na língua adicional

Muitas vezes, o fato de o nosso compromisso escolar ser uma língua adicional de circulação pouco evidente no contexto imediato do educando nos desmotiva para as possibilidades de aprendizagem dos alunos, pois pressupomos que eles pouco podem lidar com textos na própria língua adicional. Esta é exatamente a razão para estarmos na escola e para buscarmos maneiras de superar essa limitação. Algumas práticas que podem ajudar nesse sentido são:

→ começar com textos mais curtos ou que tenham um vocabulário mais transparente, como é o caso da ficha técnica do filme *Ilha das Flores,* por exemplo;

→ trazer textos completos, sem adaptações (como são todos os textos no projeto *Bem na foto*), pois lidar com alguns textos no formato e na extensão em que eles foram construídos faz parte da aprendizagem das práticas necessárias para lidar com os gêneros do discurso em foco[13]. Se o texto é mais longo, portanto, podemos dirigir as perguntas para a busca pelo que é relevante para o projeto, lidando com essas partes apenas, mas dando ao aluno a dimensão do todo;

→ elaborar tarefas que possam auxiliar o aluno a enfrentar o texto. Para cada desafio proposto, precisamos pensar nos pontos de ajuda necessária para que os alunos possam se engajar na proposta. Por exemplo: dar dicas aos alunos de estratégias de compreensão e de produção de texto que ele pode usar (balões com dicas ao lado das tarefas do projeto), elaborar tarefas que forneçam parte do texto e/ou do vocabulário que ele precisa para compreender/produzir (Parte I, Tarefa 2, Quadros 1-4), apresentar modelos de estruturas,

13. Nesse sentido, é importante que os alunos naveguem (pelos textos que estão no *site* das Nações Unidas) para que possam praticar todas as habilidades necessárias para participar desses cenários de atuação (por exemplo, clicando nos *links* e usando todo o suporte *on-line* disponível para a compreensão dos textos em foco).

vocabulário, expressões, etc. de que ele pode lançar mão (Parte I, Tarefa 5), dar dicas de estratégias de aprendizagem, como tomar nota (Parte II, Tarefa 1, e Parte III, Tarefa 3 – orientações para anotações), prestar atenção no que está sendo foco do ensino (dicas e ideias em balões ao longo das tarefas), ativar o conhecimento prévio e relacioná-lo com o que o aluno está fazendo ("Pra começo de conversa..." e Parte I, Tarefa 6, entre outras). Em última análise, para que os objetivos possam ser alcançados, é necessário ouvir os alunos e ir reorganizando a sequência de tarefas de acordo com o que eles precisam para encarar o desafio proposto.

Promover práticas para lidar com textos na língua adicional que levem em conta expectativas de participação

Usar a linguagem significa sempre responder para alguém. Quando falamos ou escrevemos, projetamos interlocutores e possíveis respostas desses interlocutores ao que dizemos. Por isso, selecionamos determinados modos de dizer que possam tornar nossos objetivos mais possíveis de serem alcançados com os interlocutores a quem estamos nos dirigindo. Da mesma maneira, quando ouvimos ou lemos um texto, fazemos isso com propósitos próprios, mas levamos em conta expectativas de resposta provocadas pelo texto: por exemplo, se assistimos a um filme, é bom saber que o que é esperado de nós é reunir as imagens e falas para construir uma história. Isso não quer dizer que estejamos sempre dispostos a colaborar. Podemos ter propósitos bem diferentes da colaboração historicamente projetada, pois cada pessoa assiste ao filme de um determinado lugar e por razões diferentes. Na Parte V do projeto *Bem na Foto*, por exemplo, destacamos isso na Tarefa 3, pela leitura da reportagem publicada no jornal *Zero Hora*, propondo o contraste entre a posição de pessoas que não conhecem o local e a posição dos moradores da localidade onde foi filmado *Ilha das Flores*.

Boas perguntas de compreensão e boas tarefas de produção levam em conta essa característica dialógica da linguagem. Isso justifica, por exemplo, uma pergunta de identificação de diretor, atores, duração do filme e prêmios recebidos numa proposta de leitura de uma ficha técnica (Parte I, Tarefa 1, itens a, b), pois é em geral com esse objetivo que lemos esses textos. Isso também justifica escrever palavras-chave para identificação dos tópicos tratados no filme e identificar a sinopse do filme (Parte I, Tarefa 3, itens a, b), já que se espera que o público acompanhe a história. De modo semelhante, expressar um comentário em relação à sinopse de um filme (Parte I, Tarefa 5b) sustenta uma resposta que pode acompanhar a decisão de assistir ou não a esse filme. Da mesma maneira, buscar as razões, o objetivo e o alvo da campanha *World Water Day* (Parte II, Tarefas 2 e 3) são ações esperadas: para decidir se vamos participar de uma campanha, essas são informações essenciais e devem estar explicadas pelo proponente da campanha. Ao analisar as demais tarefas de compreensão propostas no projeto *Bem na foto,* atente para as propostas de leitura e de compreensão oral que são feitas. Para isso, confira se os convites são coerentes com a posição de interlocutor projetada que se depreende dos textos em foco.

Na produção, as propostas de redigir legendas para as próprias fotos e de comentar as fotos de colegas (Parte IV) são produções esperadas nesses espaços virtuais. Discutir o papel dos interlocutores na leitura e na produção de texto, convidando os alunos a compararem suas respostas e opiniões e pensar em para quem é produzido ou quem produz o texto (Parte I, Tarefas 1c e 4b, Parte II, Tarefa 1a, Parte IV, Tarefa 2, e Parte V, Tarefas 2 e 3, entre outras), dá a dimensão ao aluno de participações possíveis e sempre diferentes e variáveis de acordo com as condições de produção e de recepção do texto (quem participa, por quê, para quê, usando qual suporte, etc.).

Tanto em tarefas de compreensão como de produção de texto, portanto, é fundamental atentar para a interlocução que projetamos (a quem estamos nos dirigindo) e o propósito do texto que estamos lendo/produzindo (com que objetivos). Também é importante levar em conta as características do suporte utilizado (filme, *site*, jornal, etc.), cada um dos quais abrirá possibilidades e limitações ao que podemos interpretar e produzir. Se os alunos já têm experiência com determinados textos em português, eles poderão usar esse conhecimento prévio para posicionar-se frente ao texto em inglês. Por exemplo, se ele já transita com confiança por hipertextos, usando *hiperlinks* para acessar novos documentos na internet, ele poderá usar esse conhecimento no *site* das Nações Unidas para buscar o que procura. Se ele ainda não tem essa desenvoltura, estar numa situação em que se espera que ele esteja atento às características próprias desses textos possibilita que ele aprenda a ser um participante competente para responder às demandas dessas práticas sociais.

Por isso mesmo, diferenças nos graus de familiaridade com tecnologia da informação e hipertexto, assim como diferentes níveis de conhecimento prévio da língua adicional entre os alunos, podem ser acolhidos sem causar transtornos. Em uma comunidade de aprendizagem, os que já conseguem fazer mais podem, justamente por isso, trabalhar com quem, naquele aspecto, naquele momento, ainda precisa de ajuda para levar adiante atividades com fins interdependentes (confira, por exemplo, Parte IV, Tarefa 3). Num projeto de aprendizagem conjunta, o trabalho em grupo fortalece a aprendizagem ao permitir que todos se beneficiem do fato de que pessoas diferentes têm experiências, informações, facilidades e talentos diferentes umas das outras.

Possibilitar a construção de repertório de formas de expressão na língua adicional e promover a experimentação de recursos expressivos relevantes e necessários a fim de agir e participar de práticas sociais na língua adicional

Para poder participar de eventos em que a língua adicional é usada para compreender e produzir textos, é necessário que o aluno tenha oportunidades para construir um repertório linguístico e praticá-lo a fim de agir com confiança. Meras notícias sobre como se constroem regras gramaticais ou sobre a tradução de palavras e frases, claro, não são suficientes. Não há dúvida de que explicações gramaticais e de vocabulário são necessárias, mas elas são úteis se estiverem a serviço da participação do aluno em contextos significativos. Por exemplo, aprender a utilidade de uma estratégia de reconhecimento de cognatos ajuda na leitura (Parte I, Tarefa 2), conhecer e praticar adjetivos importa para opinar sobre filmes, fotos, etc., assim como expressões para concordar ou discordar (Parte I, Tarefa 5, e Parte III, Tarefa 3). Do mesmo modo, compreender como se constroem definições (Parte I, Tarefa 2, e Parte IV, Tarefa 2a) e construir um repertório linguístico para tratar de problemas da localidade (Parte II, Tarefa 1 e 2) torna relevantes formas linguísticas que serão efetivamente usadas para fazer o que é necessário para participar (Parte IV, Tarefas 2 a 6).

A seleção das formas de expressão da língua adicional a serem problematizadas, apresentadas e praticadas, sabemos, não é aleatória, mas tampouco estabelecida por uma lista definida de antemão. A seleção pode ser feita conforme o uso que os alunos vão fazendo dessas estruturas e desse vocabulário para participar de ações específicas na língua inglesa. A ideia é, portanto, **saber usar** *verb to be*, *simple present* e *adjectives* **para** escrever legendas das fotos e comentários no Flickr, por exemplo. O uso de metalinguagem para esse fim assume aí um valor simbólico – saber nomear para contar o que aprendeu e o que usou (*verb to be*, *simple present* e *adjectives*), mas é a participação em si que realmente importa como objetivo pedagógico.

Promover avaliações sistemáticas: oportunidades de *feedback* para possibilitar a reescrita/nova prática e qualificar a publicação do produto final

As oportunidades para avançar no conhecimento estão intimamente relacionadas à avaliação sistemática e constante do uso dos conhecimentos frente a novas demandas de participação social. No nosso cotidiano, estamos constantemente calibrando nossas participações e contribuindo para calibrar as participações do outro, a fim de buscar os objetivos que queremos alcançar. Isso quer dizer que a avaliação faz parte do nosso cotidiano, mesmo que de maneira implícita, e é a partir de sinais avaliativos e de *feedback* dos nossos interlocutores que vamos ajustando escolhas do que dizer, do tom mais indicado para determinado momento, de novas explicações e novas tentativas de compreensão do que está sendo dito e de produção do que queremos dizer.

Oferecer oportunidades sistemáticas de construção conjunta de critérios (diferentes momentos em que se solicita que confiram respostas e opiniões com os colegas e, mais explicitamente, convites para análise do que foi feito e de como podemos melhorar o que foi produzido, como na Parte IV, Tarefa 2c) e de avaliação coletiva (Parte V) das práticas que buscamos aprender torna-se o ponto de partida para a qualificação dessa participação e para a aprendizagem. É importante salientar que a avaliação pode ser feita em diferentes instâncias, desde a mais privada (autoavaliação), passando pela avaliação de colegas mais experientes até a avaliação pelos interlocutores visados. Proporcionar essas diferentes etapas de avaliação até a publicação do produto final do projeto é um procedimento fundamental para construir a confiança e a possibilidade de rever, revisar e buscar novas alternativas para uma participação mais próxima do que é valorizado nas diferentes práticas sociais propostas pelo projeto.

No próximo capítulo, vamos discutir detalhadamente a avaliação como instrumento para promover e qualificar a aprendizagem, e também diferentes maneiras de oportunizar práticas avaliativas, levando em conta as condições de produção das atividades nas diferentes etapas do projeto.

Promover o trabalho dos alunos em parcerias e oportunidades para a publicação do produto final na escola e em outros espaços

Como você pode conferir no projeto *Bem na foto*, a maioria das tarefas são propostas para realização em duplas. Partimos do pressuposto de que a compreensão e a aprendizagem acontecem em parceria, quando temos a oportunidade de fazer as pontes entre o novo e o conhecido, as relações que vamos construindo entre o que já sabemos e os desafios das novas participações propostas. Há momentos para o trabalho individual (Parte I, Tarefa 2), há momentos em que o silêncio e a atenção são fundamentais (Parte I, Tarefa 3, a, b), e há momentos para compartilhar experiências (Parte I, Tarefa 3c), colocar em prática esse conhecimento e aí ver que aprendemos (Parte IV, Tarefa 2a).

O trabalho individual faz sentido ao propiciar a reflexão concentrada e a tomada de providências para promover a participação e a interlocução seguinte. Por isso, as produções coletivas (Parte IV, Tarefas 1 e 2), as apresentações para o outro com vistas ao ajuste e à revisão do que foi construído (Parte IV, Tarefas 2b, c, d) e a publicação para os interlocutores projetados (Parte IV, Tarefas 3 a 6) são etapas fundamentais para a aprendizagem. A publicação dos produtos finais do projeto na escola e em outros espaços são oportunidades para (re)avaliar e (re)dimensionar a função da escola na capacitação dos alunos para atuarem como protagonistas nos espaços em que desejam ou estão sendo convidados a participar.

Promover a consciência da necessidade dos outros componentes curriculares

Conforme já discutimos, entre os objetivos de ensino de Línguas Adicionais está a articulação dos conhecimentos de diferentes componentes curriculares. A ideia aqui é propor tarefas para promover oportunidades para o aluno dar-se conta de que há uma via de mão dupla entre os conhecimentos de Ciências, Geografia, História, Matemática (Parte I, Tarefas 2 a 4), de Português (Parte V, Tarefa 3) e de outros componentes curriculares, e que ele pode participar de maneira mais robusta e qualificada nas práticas sociais se puder valer-se do conhecimento **também em inglês**. Inúmeras outras oportunidades existem nos projetos discutidos nos outros volumes desta coleção para que o professor de Inglês faça contribuições. Lendo os livros desta coleção referentes ao ensino de Língua Portuguesa e Literatura e de Educação Física, por exemplo, você verá semelhanças entre os Quadros 5A e 5B (**Identidades**/Futebol) apresentados aqui e as propostas desses dois componentes curriculares, e entre os Quadros 4A e 4B e a proposta para **Ambiente**/Saneamento feita em Língua Portuguesa e Literatura.

O professor como coordenador do projeto em parceria com outros coordenadores (estudantes e educadores em outros componentes curriculares)

No projeto *Bem na foto*, embora estejamos prevendo e esperando uma articulação com os outros componentes curriculares e áreas do conhecimento escolar, não estamos considerando obrigatória a coordenação simultânea com os outros educadores em todas as etapas de realização do trabalho. Contudo, para tratar dos temas de modo adequado, produtivo e eficiente, é crucial que o professor de Inglês, como coordenador do trabalho dos alunos no componente curricular de Línguas Adicionais, trabalhe com seus colegas num fluxo de informações de mão dupla desde a concepção do projeto até a publicação dos produtos e a avaliação. Esse é um desafio grande face às condições de trabalho e à tradição de ensino isolado em disciplinas, conforme já comentamos em diversos pontos deste volume e de toda a coleção.

Avançar na coordenação integrada do projeto de ensino e aprendizagem com nossos colegas educadores constitui, portanto, um ponto de aprendizagem necessário para nós como educadores contemporâneos. Trata-se de uma conquista necessária, que vamos alcançar de modo realista, mas com ambição de participação cada vez mais aumentada, tal como propomos aqui para os estudantes. Assim, se, num primeiro momento, estabelecemos a relação entre os conhecimentos para os alunos e propomos a colegas educadores ações e tarefas relacionadas, num próximo momento será possível uma coordenação mais ampla. Nesse caso, o planejamento conjunto do projeto e mesmo das tarefas pode dar novo ímpeto ao projeto, que pode assim se alastrar para vários componentes curriculares e mesmo para toda a escola.

É importante lembrar também que, como professores e, portanto, participantes mais experientes na nossa área específica, assumimos lideranças. Isso ocorre, por exemplo, na seleção do que pode ser mais adequado para a maturidade dos nossos alunos, na proposição de tarefas em inglês, na organização do trabalho em sala de aula, na orientação necessária para que os alunos possam se organizar para o trabalho individual e coletivo, entre outros. No entanto, é importante que possamos alternar a posição de líder com os demais participantes da aula. Numa aula de Línguas Adicionais em que propomos o encontro com textos que circulam em cenários de atuação, devemos estar atentos às experiências vividas por nossos alunos (como pode ser, por exemplo, a experiência que podem trazer a respeito de soluções de saneamento encontradas em sua localidade). Criar oportunidade para que diferentes alunos, alternadamente, assumam tarefas de liderar uma discussão, organizar as etapas de um projeto, assumir compromissos e cobrar dos colegas os compromissos assumidos, participar de sua própria avaliação e também da avaliação dos colegas e do professor são fundamentais para o aluno aprender a assumir posições ativas e criativas na sociedade como também para aprender que não assumir compromissos ou não cumpri-los pode ter consequências na sua vida: só é possível aprender a ser líder (ou escolher não querer ser) se temos oportunidades de liderança.

Articular as aprendizagens feitas no desenvolvimento do projeto

Poder retomar o que sabíamos antes e depois de desenvolver o projeto constitui uma etapa importante para valorizar o que foi feito e tomar consciência da importância da trajetória percorrida e das aprendizagens conquistadas. A Parte V do projeto *Bem na foto* propõe a volta ao começo e a reflexão sobre o percurso feito para dar uma dimensão ao aluno do que foi possível avançar e do que podem ser novos desafios daqui para frente. Essa etapa valoriza e dimensiona também o trabalho de quem ensina e abre clara oportunidade de aprendizagem para o educador na interlocução com os educandos, inclusive no aprimoramento de sua capacidade de ouvir demandas de aprendizagem, conceber projetos, propor tarefas e conduzir as atividades. A articulação das conquistas individuais e coletivas pode conferir novos significados a um mundo que imaginávamos conhecido e que se torna mais complexo e mais fascinante à medida que desvendamos novas perspectivas e facetas do que nos parecia simples: abrimos assim novas portas para novas buscas. Registrar e relatar obstáculos e soluções, sucessos e descobertas na execução de projetos também constituem uma etapa que pode render satisfação para quem ensina e oportunidades de trocas profissionais únicas com outros colegas educadores.

Promover a alternância de participação nas funções de mais e menos experiente

Por fim, assim como observamos antes que alunos com diferentes graus de familiaridade com o computador ou outras ferramentas, ou que tenham diferentes níveis de conhecimento prévio de inglês, podem trabalhar juntos justamente pela sua diversidade, também o educador menos experiente em determinados conhecimentos e procedimentos pode colaborar produtivamente com colegas mais experientes. Em geral, todos temos talentos e contribuições distintos a fazer, de modo que trabalhar em conjunto com nossos colegas educadores das outras áreas do conhecimento propicia que façamos juntos o que isoladamente talvez não faríamos jamais.

Conforme afirmamos anteriormente, pensar nessas ações para a sala de aula pode orientar um planejamento geral que poderá ser transformado em tarefas mais (ou menos) delineadas, mais (ou menos) "produzidas". Ter essas propostas em mente ao planejar um projeto pode resultar em planejamentos gerais como os apresentados anteriormente (Quadros 5A e 5B) para todos os anos do ensino fundamental, explicitando as etapas gerais de um projeto de aprendizagem de acordo com as etapas necessárias para se chegar ao produto final pretendido.

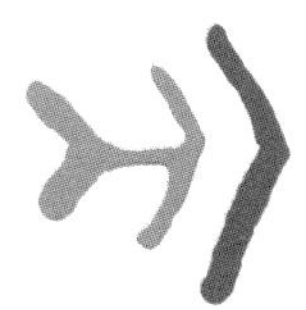

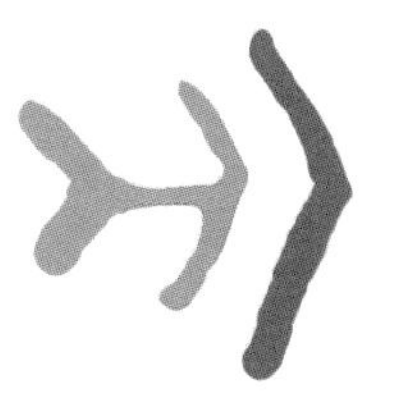

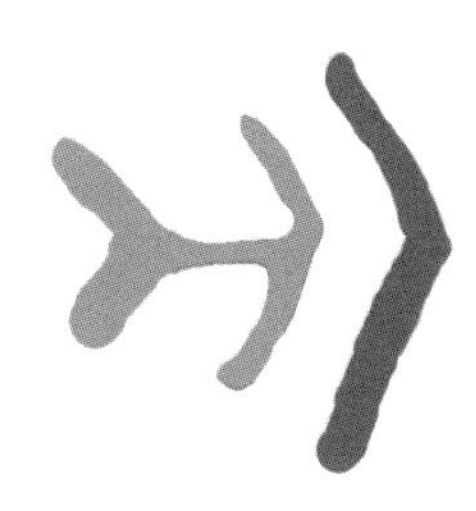

PROJETO *BEM NA FOTO*

UN WATER

UN-HABITAT

Pra começo de conversa...

Confira o *site* de uma campanha da Organização das Nações Unidas (ONU) sobre economia de água em http://www.unwater.org/wwd11/ e também os cartazes da campanha nesta e na página ao lado. O que as imagens que ilustram a campanha *World Water Day 2011*[14] mostram sobre as condições de saneamento no mundo?[15]

E na sua localidade, você sabe quais são as condições de saneamento básico?

Neste projeto, você vai viajar pelas águas do mundo através de imagens capturadas pelas câmeras de várias pessoas que querem compartilhar diferentes perspectivas sobre o Planeta Água. Vamos produzir com a turma uma coletânea de fotos do nosso lugar para opinar e participar desse debate?

Para isso, vamos:

→ discutir o filme *Ilha das Flores* em inglês, *Island of Flowers* (ou *Isle of Flowers*);

→ conhecer o *site* da ONU e discutir o movimento *World Water Day*;

→ viajar por imagens em álbuns de fotografia virtuais que mostram como é o abastecimento e o tratamento de água ao redor do mundo;

→ contribuir para esse álbum com fotos da nossa comunidade, cidade ou país;

→ ler textos em inglês e português sobre filmes e sobre abastecimento, tratamento de água e saneamento;

→ manifestar opinião em inglês sobre filmes;

→ escrever legendas de fotos e comentários em inglês sobre filmes, fatos e fotos acerca das nossas discussões;

→ participar de uma campanha de conscientização ambiental e do mundo que se faz em português e inglês.

©UN-Water / World Water Day (www.unwater.org/worldwaterday)

14. A campanha *World Water Day* se renova a cada ano desde 1994, como você pode conferir nas páginas About World Water Day em www.unwater.org/worldwaterday/about.html. A referência aqui e ao longo de todo o projeto *Bem na foto* será sempre à campanha de 2011 *Water for cities: responding to the urban challenge*. Você sabe, mas não custa lembrar, que o projeto *Bem na foto* é somente uma ilustração das discussões e indicações pedagógicas que vimos apresentando sobre como proporcionar aprendizagens colaborativas em inglês na escola. Conforme apontamos no capítulo 1, nossa proposta é convidar você e seus colegas para refletirmos sobre a concretização da nossa interlocução com os estudantes e, nesse sentido, *Bem na foto* pode servir como partida para você produzir seus próprios planejamentos e materiais de ensino com os colegas educadores. Se achar interessante aproveitar as ideias e encaminhamentos tais como apresentados aqui, sugerimos valer-se da campanha mais recente em www.unwater.org/worldwaterday/index.html. A campanha de 2012, por exemplo, possibilita boa oportunidade para trabalho conjunto com o componente curricular em educação matemática.

15. Ao entrar no *site* World Water Day 2011, a imagem em destaque no alto da página pode bastar para este começo de conversa, mas podemos também encaminhar a turma para seguir o *link* que está no próprio crédito da foto, no canto inferior esquerdo, onde se lê "WWD 2011 Flickr Photostream". Esse *link* leva às fotos postadas por internautas de todo o mundo no álbum de fotos Flickr WORLD WATER DAY Water for cities: responding to the urban challenge, foco de trabalho mais adiante no projeto *Bem na foto*.

DICA

Antes de ler qualquer texto, pense no que você procura nesses textos. Por exemplo, que informações em geral queremos saber quando lemos a ficha técnica de um filme?

I – NEM TUDO SÃO FLORES...

1 Você vai assistir ao filme *Island of Flowers*. Antes de assistir, leia a ficha técnica do filme (abaixo) e discuta as perguntas a seguir com seus colegas.

a) Onde foi produzido? Quando foi lançado? Quem dirigiu? Quem atuou no filme? Qual é a duração do filme?

b) Quantas vezes *Island of Flowers* foi *the best*?

c) Este filme foi traduzido para pelo menos quatro línguas. Por que você acha que ele foi traduzido? Quem poderia assistir ao filme nessas línguas?

ILHA DAS FLORES (*Island of flowers*)
(35 mm, 12 min, color, 1989)

Director: Jorge Furtado
Executive Producers: Monica Schmiedt, Giba Assis Brasil and Nora Goulart
Written by: Jorge Furtado
Cinematographers: Roberto Henkin and Sérgio Amon
Art Director: Fiapo Barth
Music by: Geraldo Flach
Production Coordinator: Nora Goulart
Editor: Giba Assis Brasil
Assistant Director: Ana Luiza Azevedo

A Casa de Cinema POA Production

Main Cast:
Paulo José (Narration)
Ciça Reckziegel (Dona Anete)

Prizes

→ 17th Gramado Film Festival, 1989: Best short film (official jury, popular jury and critic's prize), Best Screenplay, Best Editing and 4 Regional Prizes.

→ 40th International Filmfestival, Berlim, Germany, 1990: Silver Bear.

→ Air France Prize, Rio de Janeiro, 1990: Best Brazilian Short Film of the year.

→ Silver Daisy Prize (CNBB), Brasília, 1990: Best Brazilian Short Film of the year.

→ 3rd International Short Film Festival, Clermont-Ferrand, France, 1991: Special Jury Prize, Best Film (Popular Jury).

→ American Film and Video Festival, New York, 1991: Blue Ribbon Award.

→ 7th No-budget Kurzfilmfestival, Hamburgo, Germany, 1991: Best Film.

→ Festival International du Film de Region, France, 1994: Best Film.

Full Cast
Paulo José (narration)
Ciça Reckziegel (Dona Anete)
Douglas Trainini (the husband)
Júlia Barth (the daughter)
Igor Costa (the son)
Irene Schmidt (the client)
Gozei Kitajima (Mr. Suzuki 1)
Takehiro Suzuki (Mr. Suzuki 2)
Luciane Azevedo (Ana Luiza Nunes)
Antônio da Silva (the pig's owner)
Marcos Crespo (pig's owner employee)

History
Filmed in Porto Alegre, from 07 to 16, April 1989.
Premiére at the Gramado Festival, June 15, 1989.

English version
Translation: Marcelo Carneiro da Cunha
Style Revision: Luis Fernando Verissimo
Narration: Phil Town

French version
Translation: Catherine Lestre de Rey
Style Revision: Jean-Claude Bernardet
Narration: Bruno Magne

German version
Translation: Ingrid Brugger

Spanish version
Translation: Julian Murguia
Narration: Aureliano

Disponível em: www.casacinepoa.com.br/en
Acesso em: 25 jul. 2011.

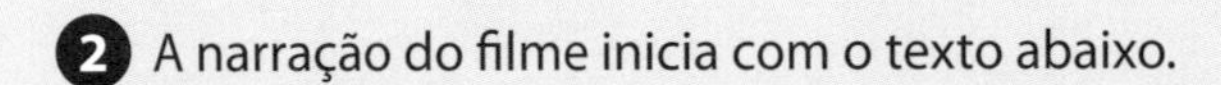

2 A narração do filme inicia com o texto abaixo.

We are in Belem Novo, city of Porto Alegre, state of Rio Grande do Sul, Brazil. More precisely at 30° 12' 30" latitude South and 51° 11' 23" longitude West. We are now walking in a tomato plantation and we can see, standing in front of us, a human being, in this case a Japanese human being.

Em seguida, o narrador define personagens e outras coisas que fazem parte da história. Há também imagens diretamente relacionadas com o que está sendo dito. Antes de assistir, relacione as palavras em inglês na coluna da esquerda com a definição ou a imagem na coluna da direita dos quadros abaixo. Depois disso, confira suas respostas com o colega do lado.

DICA

Ao ler em inglês, procure identificar **cognatos. Cognatos** são palavras de línguas diferentes que têm uma origem comum e, por isso, grafias, significados ou pronúncia semelhantes. No texto ao lado, quais palavras em inglês são parecidas ou iguais em português? Como isso ajuda você a ler?

(1) Suzuki	( )
(2) Human beings	(1) is a Japanese, therefore a human being.
(3) A whale	( ) was a Jew.
(4) A chicken	(2) are biped animals, mammals, and are distinguished from other mammals, like whales, and from other bipeds, like chicken, in two main respects: a highly developed telencephalon and the opposable thumb.
(5) A tomato	( ) is a vegetable ... a fruit of the tomato tree.
(6) Christ	( )

(1) Mrs. Anete	( ) is the period of time the Earth takes to rotate once around its own axis.
(2) Perfumes	( ) is a Roman Catholic biped mammal. She has a highly developed telencephalon and an opposable thumb. She is therefore a human being.
(3) Pork	( ) are liquids, normally extracted from flowers, that give human beings a more pleasant smell than their natural ones.
(4) Pigs	(3) is the meat extracted from pigs.
(5) A day	( ) are mammals, like human beings and whales, but are four-footed. They are used as food by Japanese, Catholics and other human beings, but not by Jews.
(6) A family	( ) is a community formed by two human beings, male and female, joined by matrimony, and the children born from this marriage.

(1) Garbage	(2) is a portion of land surrounded by water on all sides.
(2) An island	( ) are the reproductive organs of plants that are generally sweet-smelling and have bright colors.
(3) Water	( ) is an odorless, tasteless, and colorless liquid formed by two atoms of hydrogen and one atom of oxygen.
(4) Flowers	( ) is everything that human beings produce as a result of combined efforts of a highly developed telencephalon and the opposable thumb... attracts all kinds of germs and bacteria that, in their turn, cause diseases... looks extremely unpleasant and smells bad.

(1) The pig's owner	( ) has been defined as 9,192,631,700 radiation cycles of a cesium atom.
(2) A piece of land	( ) is a portion of earth that has an owner and a fence.
(3) Organic material	( ) is a human being with a highly developed telencephalon, opposable thumb and money.
(4) A History test	( ) is a test of a human being's capacity to remember data referring to the study of History, such as "Who was Genghis Khan?" "What are the main rivers of Mesopotamia?".
(5) Children and women	( ) is everything that was once alive in animal or vegetable form. Tomatoes, chickens, pigs, flowers and paper are organic material.
(6) Five minutes	( ) are human beings with a highly developed telencephalon, opposable thumb, and no money. They have no owner, and, what is worse, there are lots of them.
(7) A second	( ) is a non-organic material found in the garbage in Goiânia.
(8) Cesium	(6) are 300 seconds.

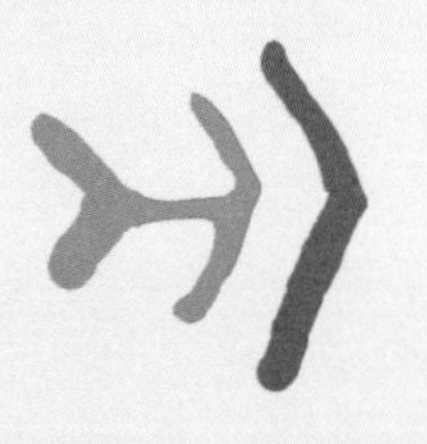

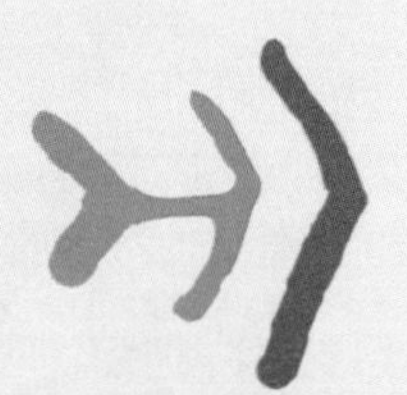

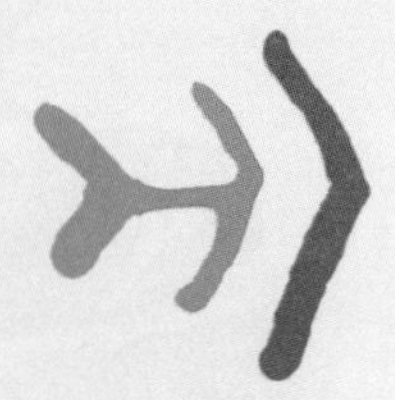

3 Agora assista ao filme, para depois:

a) Escrever algumas palavras-chave que resumem os tópicos tratados no filme.

b) Escolher qual é a sinopse que melhor resume o filme:

( ) Suzuki is a Japanese human being that grows chickens in Porto Alegre, Brazil, and also pigs at ISLAND OF FLOWERS. Japanese people come to feed the pigs and are surprised to find so much garbage. They use their opposable thumbs to show they are not happy. Suzuki gives them History lessons to convince them that, in Brazil, animals, women and children like garbage, and it all becomes clear.

( ) A tomato is planted, harvested and sold at a supermarket, but it rots and ends up in the trash. Ends? No. ISLAND OF FLOWERS follows it up until its real end, among animals, trash, women and children. And then the difference between tomatoes, pigs and human beings becomes clear.

( ) Mrs. Anete is a Japanese woman who lives in Belém, Novo Brazil. She makes perfumes from tomato flowers that grow on the mysterious ISLAND OF FLOWERS. Women and children there work for a pig's owner on a small piece of land and are forced to eat bad tomatoes. The pig organizes a rebellion, frees the women and children, and that ends up destroying Mrs. Anete's dream of becoming a millionaire.

Fonte da sinopse original: casacinepoa.com.br/en

c) Discuta com os colegas as respostas anteriores. Explique para eles a razão de suas escolhas. Você consegue imaginar um filme com as outras duas sinopses?

4 Agora assista novamente ao filme para responder as seguintes questões.

a) Liste as imagens que aparecem no filme relacionadas às expressões a seguir.

The opposable thumb	
Improvements on the planet	Torre de Babel, pirâmides do Egito, Partenon, pinturas renascentistas e bomba atômica
Money	
Profit	
Garbage	
A History test	

b) Discuta com os colegas: por que você acha que as relações acima são feitas?

c) Com o colega ao lado, comparem as definições de *human beings*, no início e no final do filme. O que distingue as duas definições? Por que vocês acham que o filme apresenta essas duas definições diferentes?

Human beings	are biped animals, mammals, and are distinguished from other mammals, like whales, and from other bipeds, like chickens, in two main respects: a highly developed telencephalon and the opposable thumb.
Human beings	distinguish themselves from other animals by their highly developed telencephalon, the opposable thumb and by being free.

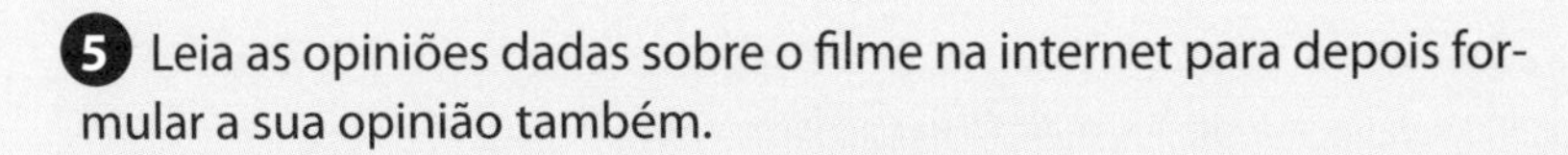

5 Leia as opiniões dadas sobre o filme na internet para depois formular a sua opinião também.

DICA

Confira a pontuação dos comentários.

O que muda quando usamos esses sinais?

. ??? ! ...

→ **Num portal de cinema (www.imdb.com)**

by simpac (Mon Oct 5 2009 01:44:48)

Yeh this is a great film.. but why isnt anyone talking about taking action to provide these people their rights of food and shelter???

→ **No YouTube (www.youtube.com)**

- This was awesome.

- Very interesting. I like it!

- Yes, very perplexing. Excellent.

- Best short film ever.

- Wow this documentary is phenomenal.

- Excellent documentary!

a) Confira algumas expressões que você pode usar para dar a sua opinião sobre um filme no box a seguir. Quais você usaria para expressar o que você achou do filme *Island of Flowers*? Pergunte ao seu colega se ele concorda com você.

a masterpiece	ingenious	interesting	original
breathtaking	moving	lame	a disaster
funny	hard-hitting	terrible	horrible
awesome	perplexing	boring	sleepy
the best	great	bad, very bad	the worst
best ever			worst ever

I love it! I like it! It's ok. I don't like it! I hate it!

Pratique com o colega:

A: *Island of Flowers* is a great film. B: Yeah, it´s ok. A little sad... A: Sad? No way! It´s funny!!	A: *Island of Flowers* is a disaster! It´s boring. B: Oh, I like it. Best Brazilian short film ever! A: I don´t like it. It´s too old.
A: Do you like the film? B: It´s ok. A little slow. A: Oh, no, it´s awesome! I love it. B: Yeah, it´s ok.	A: How do you like the film? B: I don´t like it. A: Me neither. It´s perplexing.

Converse com os colegas:

A: How do you like *Island of Flowers*?

B:

A:

B:

b) Confira as sinopses dos filmes abaixo e use os adjetivos e as expressões que você acaba de conhecer para dar a sua opinião sobre os filmes que você viu ou quer ver. Depois discuta com os colegas, explicando as suas opiniões.

Chico Xavier (2010, Daniel Filho)
The life of Brazilian spiritual medium and author Francisco Candido Xavier.

Meu Tio Matou um Cara (2004, Jorge Furtado)
A boy wants to prove the innocence of his uncle, found guilty of murder. He believes the uncle has confessed the crime to protect his girlfriend, the former wife of the dead man.

Saneamento Básico (2007, Jorge Furtado)
A group of young people in a small community of descendants of Italian immigrants in the state of Rio Grande do Sul decides to make a video to raise money and then solve the problems of basic sanitation in their village.

Tropa de Elite (2007, José Padilha)
Captain Nascimento must find a substitute for his occupation while also trying to fight drug traffickers and criminals before the Pope comes to visit Rio de Janeiro.

Tropa de Elite 2 (2010, José Padilha)
After a special forces operation on a prison riot that proved disastrous, a maturing Lt Col. Nascimento finds himself in a bloody political dispute involving not only the Public Safety Department, the State governor and State Military Police, but also paramilitary groups.

Adaptado de: http://eyesonbrazil.com/brazilian-films-the-list/. Acesso em: 02 abr. 2011.

DICA

Ler a sinopse pode ajudar você a decidir se vai assistir a um filme.

Você geralmente lê a sinopse antes de ver um filme? O que você busca saber?

6 Antes, você discutiu as imagens associadas a *GARBAGE* no filme *Island of Flowers*. Se você quisesse escolher imagens para representar os seguintes conceitos, que imagens seriam?

	Imagens
garbage	
water	
urban water system	

a) Que imagens seu colega escolheu? As imagens que vocês sugerem refletem o que acontece na sua localidade?

b) Você se lembra da cantiga de roda "Fui no Itororó"? Em inglês, também há uma *nursery rhyme* muito conhecida que trata de água. A questão que elas trazem é comum hoje em dia? Veja se a turma concorda com você.

Jack and Jill

Jack and Jill went up the hill
To fetch a pail of water.
Jack fell down and broke his crown,
And Jill came tumbling after.

Fui no Itororó

Fui no Itororó
Beber água e não achei.
Achei bela morena,
Que no Itororó deixei.

William Wallace Denslow / Domínio público

"Jack and Jill" is a classic nursery rhyme in the English speaking world.

c) Discuta com a turma: vocês associam alguns problemas enfrentados pela sua comunidade em relação a essas questões? Quais?

	Problemas
garbage	
water	
urban water system	

Vamos viajar por diferentes partes do mundo e ver imagens que revelam as condições do Planeta Água. Para isso, vamos conhecer o *site* da United Nations.

II – WORLD WATER DAY

1 Em pequenos grupos, entrem no *site* Millenium Development Goals - United Nations (www.un.org/milleniumgoals), naveguem pela página principal e respondam as perguntas.

a) Analisem o cabeçalho do *site*. Para quem é este *site*? Em que línguas ele pode ser acessado? Como as frases *It's your world*! e *We can end poverty* incluem você na proposta do *site*? Sua turma? Sua escola? Sua cidade? Seu país?

b) Agora analisem a página inicial do *site*. Que imagens e problemáticas vocês podem identificar? Elas dizem respeito à realidade que vocês conhecem?

c) Explorem o *site*. O que é United Nations? O que faz? Quais são os parceiros?

d) Como o *site* está organizado? O que você pode encontrar no *site*?

e) De que ações alguém pode participar? Como?

DICA

Busque compreender o *layout* da página, identifique títulos e veja como as imagens podem ajudar você a procurar o que quer ler.

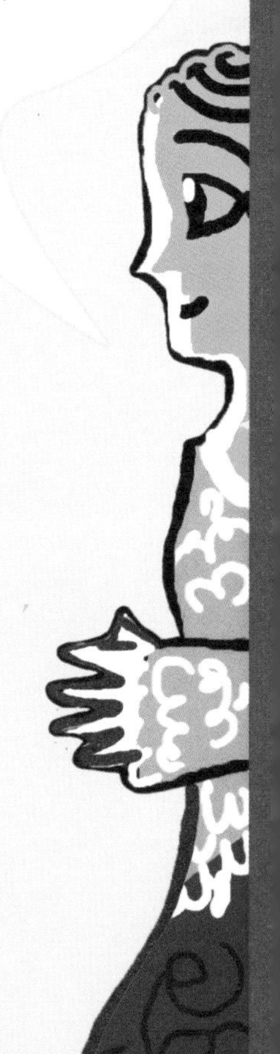

Examine o textos do *site* e anote algumas palavras e expressões em inglês que você acha importante aprender para discutir problemas de seu bairro e de sua cidade nessa língua.

Agora compartilhe com o seu grupo o que você anotou.

DICA

Você deve saber, mas não custa lembrar: as partes em azul ou sublinhadas no texto são *hiperlinks*: palavras, expressões ou imagens, em um hipertexto, que você pode clicar para acessar um novo documento ou uma seção específica do documento que você está lendo.

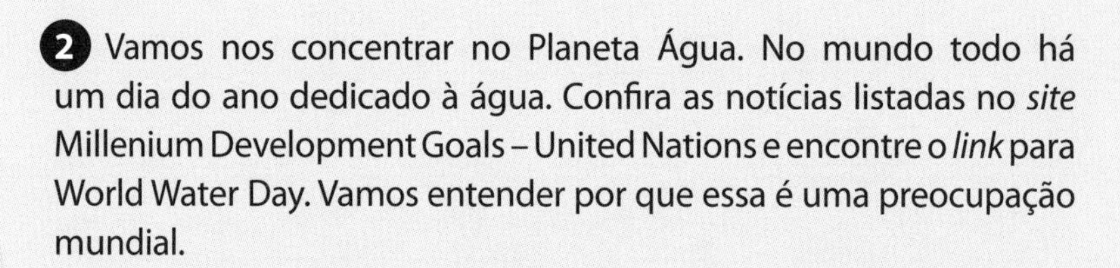

2 Vamos nos concentrar no Planeta Água. No mundo todo há um dia do ano dedicado à água. Confira as notícias listadas no *site* Millenium Development Goals – United Nations e encontre o *link* para World Water Day. Vamos entender por que essa é uma preocupação mundial.

a) Em grupos, estudem a página inicial do *site* World Water Day.

→ Como está organizada a página?

→ O que mostram as imagens?

→ Que informações vocês podem encontrar?

b) Agora cliquem no *link* About World Water Day. Vamos entender a origem, o objetivo e os focos de atenção do movimento. Completem o quadro abaixo com as palavras e expressões em inglês para responder as perguntas e depois discutam as respostas com a turma.

World Water Day
Quando acontece o movimento?
Qual é o objetivo?
Onde acontece?
Há quantos anos é celebrado?
Quais foram os temas tratados até o momento?
Que outros temas poderiam ser foco do movimento?

3 Agora procurem as informações sobre o movimento este ano. Qual é o foco e qual é o tema? Quem é o alvo do movimento? Você está incluído? Você pode participar? Confira as suas respostas com os colegas.

4 No *link* Worldwide events, deem uma conferida no mapa e discutam com a turma:

→ Em que países há eventos relacionados ao *World Water Day*?

→ Há eventos previstos para o Brasil? Onde?

→ Quem pode participar? Por que seria (ou não) importante participar?

→ De que maneira você poderia participar?

III – IMAGENS DO MUNDO

1 Discuta com a turma: com que objetivos um álbum de fotografias é feito? Que álbuns você conhece? Você tem ou conhece quem tem álbuns (virtuais) de fotografias? Quem organiza esses álbuns? Como é a organização? Que fotos você inclui? Quais você deixa de fora?

2 Entre novamente na página inicial do *site* World Water Day. Analise o convite para postar fotos no álbum de fotografias e vamos participar!

a) Como é o nome do álbum?

b) De onde são as fotos postadas? Quem tirou as fotos?

c) Como o texto convida você a participar?

3 Agora entre no Flickr Water for cities: responding to the urban challenge ou em outro álbum sugerido pelo *site*, e vamos navegar pelas fotos. Veja de onde são as fotos e o que as fotos mostram sobre as condições da água pelo mundo afora. Veja quem é autor. Veja se você concorda com os comentários feitos por outras pessoas.

Anote aqui algumas legendas que você achou interessante
Two Ghanian girls with drinking water Wash your hands New water filtration system

Anote aqui alguns comentários que você pode fazer sobre...	
a qualidade da foto	***o tema da foto***
Good shot Really nice concept Great capture Fantastic compo Wow, wonderful capture!	Very beautiful scenery! Save water ... Refreshing Picture tells the story, like to bath in the water of the river, so cool.

IDEIA

Traga um álbum seu ou de alguém que você conhece para a aula para compartilhar imagens da sua vida com os colegas. Escolha uma foto sua para apresentar aos colegas em inglês.

IDEIA

Preste atenção nas legendas das fotos. Anote algumas legendas como exemplos para depois construir as suas próprias.

IDEIA

Anote algumas expressões que você acha úteis para depois poder fazer os seus próprios comentários em inglês.

DICA

Preste atenção em aspectos que fazem uma boa foto: composição, enquadramento, nitidez... Que outros critérios são relevantes?

4 Escolha duas fotos que você acha interessantes. Apresente para os colegas explicando suas escolhas.

5 Discuta com a turma: como as fotos selecionadas se relacionam com o que acontece na sua localidade? Que fotos vocês gostariam de postar no álbum para mostrar ao mundo os problemas que vocês enfrentam ou os problemas que sua comunidade já conseguiu enfrentar ou até resolver?

IV – A ÁGUA NA NOSSA LOCALIDADE

Vamos agora confeccionar uma coletânea de fotos da turma. Vamos circular pelas redondezas da escola e tirar fotos!

1 Preparando o álbum da turma: reúnam as fotos em uma pasta no computador da escola. Explique para os colegas as fotos que você tirou. Em conjunto, escolham quais fotos são mais significativas para revelar ao mundo os problemas enfrentados e as soluções encontradas em relação à água na sua comunidade.

2 Em duplas, vamos elaborar legendas para as fotos. O que vocês acham que seria importante dizer sobre a foto? Discutam as sugestões com os colegas e façam suas escolhas.

a) Preparando as legendas: você lembra das definições e das imagens do filme *Island of Flowers*? Com o colega, voltem para as definições e analisem as questões abaixo.

→ Construindo definições

- Quais são os verbos usados?
- Quais são algumas palavras que são usadas com o artigo *a/an*?
- Quais são algumas palavras que não têm artigo?

b) Em duplas, consultem também as anotações que vocês fizeram de palavras e expressões do *site* da United Nations e de legendas do Flickr. E construam as legendas.

c) Conversem com outra dupla e revisem as legendas que vocês construíram.

→ A legenda contribui para a compreensão da foto?

→ Os leitores têm como identificar o problema ou a solução que você quer mostrar?

→ A legenda identifica o lugar onde a foto foi tirada (cidade, país)?

→ Que outras coisas você acha que poderiam melhorar?

d) Após a discussão e os ajustes sugeridos, escreva a versão final.

3 Vamos agora criar um álbum de fotos na internet para você. Caso já tenha um álbum Flickr, ajude os colegas a montar os deles.

→ Primeiro navegue até www.flickr.com para *create your account.*

→ Certifique-se de que está na página em inglês. Se não estiver, vá até o pé da página e escolha *English*.

→ Caso você já não tenha conta no Yahoo, Facebook ou Google, escolha *create new account*. Preencha o formulário com seus dados.

Veja alguns dos dados solicitados.
Agrupe as palavras de acordo com as categorias:

Account	Alternate E-mail	Birthday (month/day/year)	Country	
E-mail	First name	Gender	Last name	Password
Postal Code	Secret Question	Visual Code	Yahoo! ID	

Dados pessoais	Endereço	Dados virtuais

→ Depois de criada a sua conta, faça o *upload* das suas fotos no Flickr, escolhendo as que você preferir do seu arquivo de fotos no computador.

A opção de privacidade do *upload* da foto deve ser *public*.

4 Para a foto que você planeja postar no Water for cities: responding to the urban challenge, lembre de escolher um título e acrescentar a legenda que você criou no campo *description*.

5 Agora vamos entrar novamente no Flickr Water for cities: responding to the urban challenge (www.flickr.com/groups/worldwaterday2011/) para postar as fotos que você fez com a turma e que estão no seu Flickr pessoal.

→ Cadastre-se para ser membro do grupo World Water Day 2011 (*join group worldwaterday2011*)

→ Entre no *group pool*, escolha *add photo* e siga as instruções para buscar a foto no seu álbum Flickr que você vai querer postar no *group pool* do World Water Day 2011.

6 Agora entre novamente no Flickr Water for cities: responding to the urban challenge (www.flickr.com/groups/worldwaterday2011/) para escrever comentários sobre as fotos dos colegas! Não deixe de usar as expressões que você colecionou ao longo deste projeto.

V – O QUE APRENDEMOS COM ESTE PROJETO?

1 Discuta com a turma.

a) Você considera que as imagens escolhidas pela turma e postadas no Flickr revelam as problemáticas de sua localidade em relação à água? Dê alguns exemplos.

b) O que você achou da campanha *Water for cities: responding to the urban challenge?* Vamos recordar algumas características da campanha, compará-las com outras e avaliar se, na opinião do grupo, é uma campanha eficiente.

Water for cities: responding to the urban challenge

→ Objetivo
→ Autor
→ Mídia
→ Público-alvo
→ Estratégias
→ Alcance
→ O que mais você pode analisar?

c) Na opinião do grupo, a campanha poderia ser mais eficiente? Quais mudanças poderiam ser feitas para os públicos que vocês conhecem?

d) Você se lembra do filme a que você assistiu no início deste projeto? Como as fotos que você tirou de sua localidade se relacionam com o filme?

2 Assista novamente ao filme *Island of Flowers* e discuta com os colegas.

a) O filme foi lançado em 1989. Você acha que ele continua atual? Por quê?

b) *Island of Flowers* é apresentado como um documentário. O que caracteriza um documentário? Você conhece outros documentários? Dê alguns exemplos.

c) Quais características dão a entender que *Island of Flowers* seria um documentário?

d) Como as imagens usadas no filme contribuem para essa interpretação? Retome a lista de imagens que você reuniu no início da unidade para dar alguns exemplos.

3 Leia uma parte da reportagem escrita por Marcelo Perrone e Renato Mendonça, publicada no jornal *Zero Hora* em 13/3/2004, comemorando 15 anos do lançamento do filme (ver p. 130). Discuta com os colegas as perguntas a seguir.

a) Qual é a questão levantada?

b) Como nosso ponto de vista afeta nosso entendimento de uma obra como esta?

c) Como a vida das pessoas retratadas no filme mudou com o filme?

d) Qual é a sua opinião sobre isso?

ZERO HORA ♦ PORTO ALEGRE, SÁBADO, 13/03/2004

Esta não é a nossa vida

Moradores contestam imagem da comunidade apresentada em "Ilha das Flores"

CASA DE CINEMA DE PORTO ALEGRE, DIVULGAÇÃO/ZH

"Não vivíamos com os porcos"

Eva Gonçalves Machado, 62 anos, vive desde 1972 na Ilha Grande dos Marinheiros. Diz que é um bom lugar para morar, apesar de não ter água encanada e só contar com luz elétrica há uns 10 anos.

– É bom aqui. Se pode ir a Porto Alegre de bicicleta, de carona, até a pé.

Mas o tom de voz de Dona Evinha muda ao falar do filme *Ilha das Flores*. Ela participou da cena que mostrava adultos e crianças esperando para entrar num pátio e recolher restos de comida. Ao lembrar como foi a filmagem, ela conta que a produção deu cachorro-quente e refrigerante para quem estava atuando. Ri quando recorda que os câmeras do filme subiam uns na costas dos outros para conseguir um ângulo melhor, mas reclama, irritada:

– Eles nos mandaram entrar no pátio junto com os porcos. A gente não fazia isso, não dividia comida com os porcos. O caminhão da Ceasa vinha no sábado, e o dono da granja, que criava porcos, separava em tonéis o que ele ia doar para o povo e o que ia para os animais.

Sua filha, Maria Solange Gonçalves da Silveira, 30 anos, também figurou na cena. Ela lembra que, naquela época, não havia nada para fazer na ilha.

– Foi uma festa, era novidade. Eu pensei que seria atriz. E eles disseram que iam voltar para mostrar o filme, mas estamos esperando até hoje.

Solange viu *Ilha das Flores* em 2002, ao lado de colegas do DMLU, e ficou revoltada:

– Eu dizia que não era eu, que não estava no filme.

Dona Eva conta que viu o filme no Cine Avenida, no início dos anos 90. Foi toda alegre, brincando que tinha o papel principal, ela diz que achou o curta "um esculacho":

– O porteiro do Avenida me perguntou o que eu achei. Respondi que não gostei, que estava uma porcaria.

"Não era nada daquilo"

Janaína Gonçalves da Silveira, 25 anos, estava na cena em que os moradores da ilha recolhem comida.

Ela recorda que as crianças realmente corriam atrás dos caminhões que iam até a Ilha Grande dos Marinheiros para descarregar os alimentos rejeitados ou com prazo para vencer.

– Filmar era divertido, era bem diferente, mas a gente estava pensando também no dinheiro que iria receber.

Janaína só conseguiu assistir a *Ilha das Flores* pela primeira vez no ano passado, e comenta que teve de agüentar os comentários que seus colegas do DMLU faziam sobre o filme.

– Não era nada daquilo. O filme dizia que a gente brigava com os porcos.

FOTOS ADRIANA FRANCIOSI/ZH

"O filme devia deixar claro que é ficção"

Gineo Silva, 40 anos, era um dos meninos que corria atrás do caminhão. Atual vice-presidente da Associação dos Catadores de Material de Porto Alegre, lembra que na década de 80 caminhões de supermercados distribuíam de porta em porta frutas e verduras machucadas e produtos com validade por vencer. A partir de um momento, os caminhões largavam tudo na granja que aparece no curta *Ilha das Flores*. Lá, os alimentos eram divididos entre o que iria para os porcos e o que seria doado.

– O filme foi prejudicial para a ilha. Senti que nós, seres humanos, somos inferiores aos porcos. A gozação era na escola, nos ônibus.

Segundo Gineo, os adultos teriam recebido o equivalente a R$ 20 e as crianças, R$ 5 pela filmagem de *Ilha das Flores*. Ele conta que já aconteceu de universitários visitarem a Ilha Grande dos Marinheiros achando que a população divide comida com animais.

– O filme devia trazer no início uma tarja bem grande, dizendo "Esta é uma obra de ficção".

PERRONE, Marcelo; MENDONÇA, Renato. Esta não é a nossa vida. *Zero Hora*, Porto Alegre, 13 mar. 2004. Segundo Caderno. p. 6.

4 Discuta com a turma. O filme termina com a frase abaixo. Como vocês relacionam a frase abaixo às fotos que vocês tiraram?

> Freedom is a word that the human dream feeds on, that no one can explain or fail to understand.

> Liberdade é uma palavra que o sonho humano alimenta, que não há ninguém que explique e ninguém que não entenda.

5 Conte para os colegas... Depois deste projeto desenvolvido com a turma, o que você aprendeu sobre:

a) problemas mundiais relacionados à água e ao saneamento básico?

b) problemas locais relacionados à água e ao saneamento básico?

c) como o meu bairro e a minha cidade lidam com esses problemas?

d) o impacto de imagens em movimentos e campanhas?

e) a relação entre imagem e texto escrito?

f) campanhas (objetivos, estratégias, participantes, público-alvo, alcance)?

g) como a gente entende um texto?

h) minha participação em contextos em inglês?

i) ler em inglês?

j) entender inglês?

k) falar inglês?

l) escrever em inglês?

m) outras aprendizagens?

6 Como você aprendeu tudo isso?

7 O que ainda seria legal aprender sobre esse tema?

©UN-Water / World Water Day (www.unwater.org/worldwaterday)

VI – VOCÊ QUER PARTICIPAR MAIS?

1. Entre no *site* da Casa de Cinema e escreva uma mensagem para o diretor dando sua opinião sobre o filme: www.casacinepoa.com.br/o-blog/jorge-furtado.

2. Leia os comentários sobre *Island of Flowers* no YouTube ou no portal The Internet Movie Database, discuta com os colegas e componha um comentário em inglês para manifestar a sua opinião pessoal ou da turma, ou um alerta sobre o filme ser documentário ou ficção.

3. Conheça alguns fotógrafos brasileiros. Na aula de Artes, procure a página dos fotógrafos abaixo na internet e discuta o trabalho de cada um com a turma: qual é a função social das fotos? Como elas se relacionam com a realidade que você conhece? Qual é o valor artístico dessas fotografias?

   Arte → Sebastião Salgado, Vik Muniz, Thomas Farkas

   Jornalismo/retratos → Leo Aversa

   Moda → Daniel Klajmic

   Esportes → Daniel Augusto, Henrique Ribas

4. Visite a biografia de Cecília Meirelles na internet (www.releituras.com/cmeireles_bio.asp) e descubra a ligação entre a obra da poeta brasileira e o filme *Island of Flowers*.

5. Lembrando da frase final do filme, conheça também composições do poeta norte-americano Langston Hughes (por exemplo: "Children's Rhymes" e "Democracy") e do músico e compositor jamaicano Bob Marley (por exemplo: "Redemption Song"). Veja *perfomances* da canção na internet e cante junto! *Won't you help to sing these songs of freedom?*

6 Organize um novo projeto de álbum da turma. Que outros álbuns de fotografia podemos criar? Para quem? Com que objetivos?

7 Vamos dar outras funções para as fotos que a turma reuniu? Na aula de Português, elaborem uma carta aberta, uma carta ao prefeito ou um manifesto para denunciar os problemas que vocês estão enfrentando e exigir soluções. Estudem como as fotos podem ser usadas para isso.

8 Conheça mais o trabalho de órgãos internacionais como United Nations (www.un.org), UNESCO – United Nations Educational, Scientific and Cultural Organization (www.unesco.org/new/en/unesco), FAO – Food and Agriculture Organization of United Nations (www.fao.org), Amnesty International (www.amnesty.org), Greenpeace (www.greenpeace.org/international), Médicos sem Fronteiras (www.msf.org.br). Analise as atividades dessas organizações, locais em que atuam, campanhas que desenvolvem e participe!

9 Pense em como você pode participar da campanha *World Water Day* no próximo ano. Reúna ideias com a turma e preparem-se com antecedência.

©UN-Water / World Water Day (www.unwater.org/worldwaterday)

O CURRÍCULO NA PRÁTICA: LER O MUNDO E PARTICIPAR DELE

Como todos sabemos, um currículo somente se torna educação efetivamente vivida através das ações construídas em conjunto pelos participantes na interação nos diversos espaços de educação escolar. Quando temos o objetivo maior de ampliar a participação crítica, criativa e atuante dos estudantes na própria sala de aula e além dela, na escola, na comunidade local, na sociedade e no mundo, isso se torna ainda mais verdadeiro e exige uma comunidade colaborativa de aprendizagem. Na comunidade colaborativa de aprendizagem que projetamos, a capacidade de ler o mundo é a conquista maior a ser realizada por todos para os fins práticos das atividades em que os participantes se engajam na própria aula. A contribuição das aulas de Línguas Adicionais passa, portanto, pela convicção de que o nosso componente curricular tem muito a oferecer para essa conquista em:

→ tarefas significativas contextualizadas e variadas;

→ trabalho interdisciplinar;

→ prática e reflexão sobre diversidade e pluralidade;

→ interlocução contínua na realização das atividades;

→ publicidade dos produtos do trabalho pedagógico;

→ dinâmicas variadas (trabalhos individuais, em pequenos grupos e coletivos) e

→ docência com discência.

Vamos a seguir explicitar alguns dos pressupostos dessa convicção.

Ler e entender como habilidades de compreensão: o que estamos entendendo por "ler"?

Ler é lidar com textos para compreendê-los, (re)agir e tomar posição crítica frente a esses enunciados (orais e escritos) e fazer coisas no mundo a partir do que entendemos que eles nos dizem, participando assim dos discursos que se organizam a partir da escrita. Ler envolve combinar letras, sons, imagens, ilustrações, tabelas e outros elementos gráficos, relacionando-os com significados possíveis, lançando mão do conhecimento prévio para participar da construção dos sentidos possíveis do texto conforme a expectativa de leitura criada pelo contexto de comunicação, sendo crítico em relação à ideologia implícita, reconhecendo que qualquer texto atualiza um ponto de vista, pois tem um autor. Para atribuir sentidos possíveis ao texto, o leitor precisa, simultaneamente, decodificá-lo, indagar e responder a ele, enfim, analisar o que é e o que diz em relação ao que se vai fazer a seguir. Essas ações ocorrem sempre de modo integrado no ato de leitura, e não uma depois da outra. Assim, a compreensão se constrói a partir de um ponto de vista e com determinado objetivo, que pode coincidir (ou não) com o propósito original do texto (que foi formulado a partir de uma determinada conjuntura de produção, mas pode ser usado em outra completamente diferente, não é mesmo?).

Ensinar a ler, portanto, é dar acesso principalmente aos discursos que se organizam a partir da escrita, sejam esses discursos mediados na própria escrita, em textos subsequentes, ou oralmente, pela discussão conjunta ou em gêneros do discurso oral mais planejados como apresentações, peças de teatro ou programas de rádio e televisão. Dito bem simplesmente, ensinar a ler é formar leitores, lembrando, porém, que leitores são aqueles que lidam com textos para compreendê-los, (re)agem e tomam posição crítica frente a esses enunciados (orais e escritos) e fazem coisas no mundo a partir do que entendem que esses enunciados lhes dizem. Nesse sentido, ensinar a ler significa, portanto, desde o começo criar oportunidades para a prática de todas as ações do leitor: combinar letras, sons, imagens, ilustrações, tabelas e outros elementos gráficos, relacionando-os com significados possíveis, lançar mão do conhecimento prévio para participar da construção dos sentidos possíveis do texto, indagar sobre a expectativa de leitura criada pelo contexto de comunicação e agir conforme o entendimento dessa expectativa (ou consciente de que ela existia), sendo crítico em relação à ideologia implícita e reconhecendo que qualquer texto atualiza um ponto de vista, pois tem um autor com interesses próprios.

No projeto *Bem na foto*, esse pressuposto – de que os elementos constitutivos do ato de ler ocorrem sempre de maneira integrada e simultânea, e não necessariamente separados, um passo de cada vez – sustenta tarefas pedagógicas que desde o começo apresentam textos inteiros e solicitam uma reação do leitor que é projetada pelo texto. Nossos convites ao educando, para que participe no mundo que se faz a partir de textos na língua adicional, propõem desde o princípio o trabalho com textos para compreendê-los, tomar posição crítica frente a esses enunciados e fazer coisas no mundo a partir do que eles nos dizem. Ao mesmo tempo em que lidam com os textos, os aprendizes-leitores constroem um repertório de formas de expressão em língua inglesa. Eles aprendem gramática (*verb to be, present tense*) e vocabulário (animais e números) à medida que se ocupam de buscar significados nos textos que lhes apresentamos para responder questões postas mais amplamente pelas temáticas do projeto. E isso se fará pelo enfrentamento de textos que já estão no mundo de quem já participa, também em inglês, dos discursos que se organizam a partir da escrita, isto é, textos em que estão todos os elementos da gramática e do vocabulário da língua adicional. Portanto, desde o começo vamos ler para aprender a ler cada vez melhor e para aprender inglês.

Assim, **aprender a ler o mundo em inglês é aprender inglês.** Isso pressupõe:

→ **contato direto com textos,** e assim, bem simplesmente, vamos propor ler em conjunto textos em inglês que circulam de fato;

→ **interlocução com o texto,** isto é, vamos juntos combinar letras, sons, imagens, ilustrações, tabelas e outros elementos gráficos, relacionando-os com significados possíveis, lançando mão do conhecimento prévio para participar da construção dos sentidos do texto que nos parecem os mais razoáveis para os fins propostos;

→ **propósito de leitura:** tal como fazem as pessoas que rotineiramente leem para fazer coisas no mundo, não vamos ler simplesmente por ler, mas sim ler para tomar uma posição e reagir concretamente a seguir, organizar o nosso discurso e fazer coisas no mundo, construir uma argumentação, ou seja, vamos propor tarefas para atividades em que o educando esteja convidado a empreender o esforço para produzir significados com objetivos de leitura explicitados;

→ **(inter)ações significativas com o texto e produções significativas a partir da leitura,** o que exige de nós educadores a engenhosidade para garantir que os estudantes vejam nas nossas propostas oportunidades de satisfazer curiosidades e aspirações de conhecimento com vistas a refletir, formular e resolver problemas que eles próprios já têm (nem sempre articuladamente), ou seja, vamos propor que eles façam com o texto algo que, como adultos e educadores, acreditamos que é significativo e também algo que sinceramente achamos que eles vão querer fazer com os textos que vamos lhes apresentar, dando condições para que, juntos, conquistemos na própria aula um incremento na nossa capacidade de ler o mundo;

→ **tarefas preparatórias e de leitura adequadas para a maturidade do aluno,** pois afirmar que o educando vai mobilizar todas as habilidades de leitura simultaneamente ao lidar com textos que circulam de fato na língua adicional para organizar seu discurso e agir no mundo **não** é dizer que ele pode enfrentar sozinho esses textos a qualquer momento. Por isso vamos propor tarefas para despertar a curiosidade e o desejo de conhecimento, mas também subsidiar a leitura por meio de dicas para combinar letras, sons, imagens, ilustrações, tabelas e outros elementos gráficos, acionar conhecimentos prévios ou indicar caminhos até eles. E isso será feito com propostas de trabalho em parceria com colegas e inclusive pela integração com os outros saberes escolares, de modo tal que a turma e cada leitor-aprendiz possa participar da construção dos sentidos do texto que nos parecem os mais razoáveis para sustentar as nossas próximas respostas e ações concretas a seguir;

→ **ensino (com desafios e ajuda) priorizando sempre a aprendizagem em vez de avaliação,** em que vamos lembrar que o que importa acima de tudo é a conquista conjunta de uma leitura do mundo que seja cada vez mais crítica, criativa e atuante, para a qual o ensino terá que ser exigente, mas sempre tornando possível o que exige, e assim também será a avaliação que propomos, necessária e útil não apenas como procedimento escolar administrativo, mas principalmente como nova oportunidade de experiência de aprendizagem, e a ela subordinada.

Solicitar leitura em voz alta é uma boa forma de ensinar a "ler"?

Vários dos pontos discutidos na subseção anterior vêm à baila quando se aborda a prática pedagógica de solicitar que os alunos façam a leitura em voz alta de textos em sala de aula. Por isso é útil tomá-la como foco concreto e pontual para tratar de metas de aprendizagem e objetivos do ensino de leitura. Muitos acreditam que a leitura em voz alta pode servir como método pedagógico eficiente de ensinar a ler, e mesmo de ensinar pronúncia, entonação, ritmo e expressão oral. Se nosso objetivo maior é ensinar a ler o mundo e tomamos como referência o modo como os atos de leitura acontecem entre pessoas que corriqueiramente leem textos diversos para fazer coisas na vida, surgem dúvidas de que queiramos nos valer de atividades de leitura em voz alta para esses fins. Afinal, na maior parte desses atos, aparece a leitura silenciosa, sendo geralmente oral a discussão da leitura com os outros (os discursos que se organizam a partir da escrita), um comentário sobre a conta da luz, um relato da notícia lida, uma recomendação de um livro.

Posta a dúvida, podemos retomar os pontos discutidos acima tendo em mente especificamente o tópico da leitura em voz alta como possível prática pedagógica para **aprender a ler o mundo em inglês e assim aprender inglês:**

→ no **contato direto com textos** que circulam de fato, em geral lemos silenciosamente, embora ocasionalmente...

→ **na interlocução com o texto**, lemos em voz alta trechos, mas isso na reação ao texto e no nosso posicionamento frente ao que o texto nos diz, ao discutirmos com os outros para fazer coisas juntos e construirmos sentidos que nos parecem os mais razoáveis até chegarmos a uma leitura que nos satisfaça;

→ nesses **propósitos de leitura**, a vocalização do texto, como a fazem os que leem para fazer coisas no mundo, está a serviço de organizar o nosso discurso para o entendimento conjunto do texto, ou seja, é parte do esforço para produzir significados, não se configurando como procedimento central como fim em si mesmo, nem como o que dá rumo aos fazeres dos participantes;

→ **(inter)ações significativas com o texto e produções significativas a partir da leitura** exigem um entendimento do texto que a leitura em voz alta extensa pode até comprometer, prejudicando a qualidade do ato de ler, pois, afinal, prestar atenção na nossa pronúncia e dicção das palavras a fim de produzir uma *performance* correta e expressiva exige a atenção que pode nos faltar para o trabalho de produzir os sentidos necessários para a leitura crítica, criativa e atuante, ainda mais quando somos leitores em formação e estamos lidando com recursos expressivos e linguísticos que recém estamos descobrindo. Ou seja, se quisermos que nossos alunos alcancem essa *performance*, isso deve ser porque se trata de algo necessário para fazer certas coisas no mundo, o que certamente é verdade para gêneros do discurso que envolvem apresentações orais, como peças de teatro, programas de rádio e televisão, daí que podemos, como educadores, fazer propostas engenhosas para que os estudantes vejam razão para empreender o esforço não apenas de ler plenamente os textos, como também de reproduzi-los em boa pronúncia e dicção, assim tornando não só o texto como também a *performance* algo significativo para incrementar a capacidade de ler o mundo e participar de ações críticas, criativas e atuantes;

→ em tais casos, serão necessárias **tarefas preparatórias especiais e tarefas pedagógicas específicas de leitura expressiva**, para indicar caminhos de compreensão e reflexão sobre os efeitos de sentido, antes da leitura em voz alta, e prática sistemática (ensino!) de variações de pronúncia, entonação, ritmo, controle da respiração, projeção da voz, uso do espaço e de expressões corporais, sendo evidente então a necessidade de integração com os outros saberes escolares, como Artes (Teatro, Dança, Música) e Educação Física, por exemplo, de modo tal que a turma e cada leitor-aprendiz possam empreender essas propostas de *performance* de textos como ação concreta a seguir, com segurança, de maneira crítica, criativa e atuante;

→ num **ensino, com desafios e ajuda, priorizando sempre a aprendizagem em vez de avaliação**, enfim, a leitura em voz alta se justifica como prática pedagógica focal somente quando constitui um elemento central para fazer algo que no mundo se faz desse modo, isto é, expressivamente em voz alta. Nos casos de produtos realizados mediante ações que no mundo exigem leitura expressiva em voz alta, a *performance* de leitura em voz alta em si, tendo sido foco de ensino durante o projeto, poderá também ser foco de avaliação; no demais casos, será apenas elemento da experiência de aprendizagem.

Em suma, a leitura em voz alta deve figurar na prática pedagógica que envolve textos e ações vinculados a atividades humanas nas quais ler em voz alta é prática social constituinte, como, por exemplo, exposições orais, noticiários de rádio, encenações de peças teatrais, apresentações de canções, contações de histórias. Nesses casos, é preciso ler em voz alta para executar a atividade como ela acontece na vida além dos muros da escola. E é bom lembrar que mesmo práticas sociais como a encenação de peças teatrais exigem a leitura silenciosa do texto, nos termos que discutimos acima, antes de se proceder à leitura dramática em voz alta propriamente dita. Nessa prática social, só com muito ensaio da *performance*, aliando leitura e dramatização, se chegará a um ponto satisfatório de pronúncia e dicção. Nesses casos, não há dúvida de que a leitura em voz alta terá sido uma prática pedagógica indispensável para ensinar a ler nesses cenários de atividade humana.

Por outro lado, uma atividade mais singela em que a leitura em voz alta pode ser útil e significativa é entoar em conjunto uma cantiga, como a que propomos no projeto *Bem na foto*. Tendo entendido o que é uma *nursery rhyme* e o que aquele texto tem a ver com a temática, ler em voz alta a cantiga para entoá-la, além de divertido, pode servir para perceber mais intimamente o que são os sons da língua. Cantarolando em coro, assim liberados da responsabilidade da *performance* individual, todos e cada um podem treinar o ritmo de uma frase fluente na língua adicional, experimentando as diversas pronúncias de *water*, por exemplo, uma palavra-chave da temática do projeto e das tarefas propostas.

Em grande parte das práticas sociais que exigem a leitura, contudo, ler em voz alta é um procedimento que ocorre somente em momentos de necessidade de atenção conjunta para trechos específicos, por exemplo, para resolver uma dúvida sobre onde se encontra uma passagem ou o que se entende dela. Nesses casos, uma dicção expressiva é dispensável, e mesmo a pronúncia aproximada pode bastar. Por exemplo, nos cursos de pós-graduação, mesmo em Letras, é comum a discussão de textos em inglês por estudantes que não conhecem a pronúncia da língua, sem que isso os impeça de apontar a passagem ao lerem o trecho em voz alta.

Em todo caso, as observações que fazemos aqui apontam que não é recomendável recorrer indiscriminadamente à leitura em voz alta como prática pedagógica para ensinar a ler o mundo. Durante o trabalho de ensinar e aprender a ler em inglês, focar em aspectos da oralização do texto pode comprometer a atenção necessária para o já complexo trabalho de produzir sentidos, lembrando ainda que muitas vezes isso não se dá da maneira linear como é exigido pela leitura em voz alta do texto. Assim, nossas tarefas deverão conduzir para atividades de compreensão dos textos para fazer coisas no mundo, algumas das quais podem até exigir que se pronuncie as palavras de modo correto na língua, e mesmo que se leia em voz alta de maneira expressiva, conforme já discutimos. Para o desenvolvimento de pronúncia e capacidade de expressão oral, tarefas específicas deverão ser propostas para que os estudantes desenvolvam atividades que exijam essas habilidades. Projetos específicos podem ser planejados em torno dessas atividades, como foi o caso do projeto *Panic at School*, relatado brevemente no capítulo 2.

Literatura e gêneros para compreensão

Tradicionalmente, o estudo da literatura fica a cargo da disciplina escolar de Língua Portuguesa. No entanto, numa proposta interdisciplinar, em que o ensino de Línguas Adicionais compartilha com o componente curricular de Língua Portuguesa o propósito central de promover avanços no letramento dos estudantes, ensinar a ler gêneros literários passa claramente a figurar entre as responsabilidades também do professor de Línguas Adicionais.

Esse novo desafio pode suscitar dúvidas do professor de Inglês quanto a, por exemplo, ser mesmo possível trabalhar uma obra literária em inglês com alunos que ainda sabem tão pouco ou mesmo não sabem inglês. É claro que não estamos falando em ler um romance inteiro ou um longo poema erudito do começo ao fim. Estamos, sim, considerando que textos literários podem ser apresentados aos estudantes justamente para o trabalho de ensinar a ler, uma vez que, como vimos acima, não é necessário primeiro "dominar a língua" para "só depois" ler textos nessas línguas.

Acreditamos que a aula de Inglês como Língua Adicional pode criar oportunidades para a circulação de obras literárias. De fato, as mais clássicas obras em língua inglesa, pela sua própria representatividade no mundo letrado, podem ser pontos de partida para tratar temáticas universais e relevantes para os alunos, como é o caso de *Romeu e Julieta*, de Shakespeare, por exemplo. Isso pode ser feito de várias maneiras, através de trechos, capítulos, cenas, ou de obras completas ao longo do ano, em projetos como escrever um roteiro e produzir uma peça de teatro, contar a história através de uma música composta pela turma, etc.

Ao examinar o volume de Língua Portuguesa e Literatura nesta coleção, você vai ver que muitas das recomendações de leitura extensa, inclusive de obras disponíveis no Programa Nacional da Biblioteca Escolar (PNBE), são obras de literatura em língua inglesa em tradução para o português. As obras de Shakespeare estão entre elas. *Romeu e Julieta* é uma obra de tal repercussão a ponto de estar incorporada entre nós até para nomear uma sobremesa bem brasileira, de modo que conhecer a obra literária é tomar consciência de um elemento de patrimônio universal originalmente produzido em inglês. Para um projeto sobre o mundo do Futebol na temática de **Identidades**, prevemos ler histórias em quadrinhos da Turma da Mônica, uma das quais remete a *Romeu e Julieta* (ver Quadro 5A). Ler um capítulo do texto original em inglês, de fácil acesso na internet, é algo que pode ser feito.

Conforme já discutimos, mas não custa lembrar, o trabalho de ensinar a ler deve sempre ser pautado em propostas de tarefas de leitura com propósitos claros. A discussão sobre ensino de literatura no volume dedicado ao ensino Língua Portuguesa e Literatura nesta coleção pode ser útil também para o professor de Línguas Adicionais. No projeto *Bem na foto*, você verá que fazemos um movimento singelo na direção de incorporar o trabalho com gêneros literários no ensino de Línguas Adicionais ao prevermos uma tarefa com a *nursery rhyme* "Jack and Jill". Na seção VI do projeto, sugerimos que esse trabalho seja estendido para novas participações para contato com gêneros literários relacionados, poemas de Cecília Meirelles e de Langston Hughes, e uma canção de Bob Marley, textos encadeados pelo subtema "liberdade", destacado pela frase final da narração em *Ilha das Flores*.

Escrever e falar como habilidades de produção

Sobre a compreensão de textos (isto é, ler textos para compreendê-los, reagir e tomar posição crítica frente a esses enunciados orais e escritos) recai a ênfase principal da educação linguística num currículo de Línguas Adicionais voltado para o autoconhecimento, o letramento e a interdisciplinaridade do educando que vai participar de discursos que se organizam a partir da escrita também em inglês. Contudo, isso não quer dizer que ficam de fora atividades de produção, ou seja, falar e escrever textos com determinados propósitos para determinados interlocutores. Ao contrário, tarefas para esses fins devem ser realizadas em atividades de produção oral e escrita, como as que estão previstas no projeto *Bem na foto* (Parte I, Tarefa 5, e Parte IV, Tarefas 2, 4 e 6).

A importância de atividades de prática oral em parte tem a ver com o interesse que os aprendizes em geral têm em efetivamente falar inglês. O projeto *Panic at School*, que descrevemos no capítulo 2, partiu da demanda identificada pelo professor entre os alunos de falar inglês, em torno disso surgindo inúmeras demandas de leitura. Como vimos acima, é em atividades preparatórias para um produto final que exige produção falada que podemos ensinar, por exemplo, pronúncia, de maneira contextualizada. Além disso, a prática da língua falada é uma avenida importante para que os educandos realizem o potencial que a aula de Línguas Adicionais tem de ser um laboratório de diversidade, de encontro com o outro. Afinal, é experimentando esses sons, palavras e formas de expressão "estranhas" que se pode tomar consciência de quem se é.

Assim nos damos conta de quanto da nossa vida se faz pelo uso da nossa língua de preferência, esse nosso patrimônio colossal que, pelo contraste com a língua do outro, pode ser destacado, apreciado por suas imensas possibilidades, mas também percebido como um tesouro que não esgota a experiência expressiva humana. Além disso, talvez nenhuma das outras habilidades seja capaz de proporcionar um sentimento de conquista como a de falar a língua adicional, isso quando a habilidade de falar é posta em prática com propósito, realismo, segurança e sucesso. Para tanto, é crucial que possamos praticar a fala na língua adicional a fim de alcançar o nosso propósito de capacitar o educando a se inserir de modo mais afirmado na sociedade. Ele estará afirmado se puder agir na identidade de quem circula por espaços de ação nos quais essa outra língua prestigiosa se faz presente nesta sociedade, o que em si já explica por que esse saber é um componente do currículo escolar.

De modo semelhante, escrever é uma habilidade que precisa ser desenvolvida também em atividades de um projeto de ensino e aprendizagem de língua adicional. Produzir textos com determinados propósitos para determinados interlocutores é uma das mais eficazes e poderosas maneiras de inserir-se de modo crítico, criativo e atuante na sociedade e no mundo. Consideramos indispensáveis as atividades de produção escrita em português e também em inglês para a realização bem-sucedida de um projeto de aprendizagem de Línguas Adicionais. Além das razões já apontadas com relação a falar a língua adicional, destaque-se que a atividade escrita afiança a própria produção falada na língua adicional, uma vez que permite o seu planejamento e a sua preparação. Preparar o roteiro e escolher as formas de um diálogo a ser falado ancora a atividade de produção oral, até mesmo para que possamos mais adiante nos apropriar dessas formas com tal segurança a ponto de não precisar mais dessas anotações. As atividades escritas são também fundamentais para a publicação de produtos finais dos projetos, mesmo quando se trata tão somente de uma frase para a legenda de uma foto ou comentário em um *site*, como é o caso no projeto *Bem na foto*.

No entanto, a importância mais capital da produção escrita não está na produção de textos em si, mas sim na experiência indispensável que a atividade oferece ao educando de conhecer o lugar de autor, de usuário de capacidades expressivas para fazer coisas no mundo. Essa experiência parece ser fundamental para a formação de um leitor atento, crítico, criativo e atuante, pois é experimentando essas formas, lançando nossa produção ao mundo e observando os efeitos que ela causa ou deixa de causar que nos formamos leitores plenos. Ao produzir um texto e torná-lo público para interlocução, o aprendiz-leitor pode ver as reações dos interlocutores, muitas vezes percebendo assim os limites da sua atual capacidade de expressão. Com oportunidades assim, é bem mais razoável sensibilizar o educando para "detalhes" importantes da construção de textos, como pontuação e mesmo sinais como pontos e vírgulas na notação de números, como vimos no projeto *Bem na foto*: Leitores plenos, isto é, críticos, criativos e atuantes, parecem ser aqueles que atentam para esses "detalhes", porque aprenderam pela experiência de autoria de textos a ler enxergando tudo o que compõe os textos como possíveis mediadores de sentidos.

O que entendemos por escrever e resolver problemas?

Como vimos, ler é lidar com textos de interlocutores-autores para compreendê-los, (re)agir e tomar posição crítica frente a esses enunciados (orais e escritos) e fazer coisas no mundo a partir do que entendemos que eles nos dizem. Escrever é produzir textos com determinados propósitos para determinados interlocutores e, assim, inserir-se de modo mais participativo e atuante na sociedade e no mundo. Resolver problemas nesses dois âmbitos complementares é superar obstáculos nas atividades pessoais e coletivas que nos exigem mobilizar os sentidos e os pontos de vista de cada texto para a compreensão da realidade e a expressão de nós mesmos de maneira informada, crítica, responsável, criativa e atuante.

Espera-se que os alunos tenham contato significativo com a língua adicional a cada atividade pedagógica ao longo de todo o projeto, para usá-la no desempenho de ações concretas, situadas em suas vidas na escola, na comunidade, na sociedade e no mundo em geral. Por exemplo, ao ler legendas de fotos em inglês, eles vão refletir sobre a relação entre imagem e linguagem verbal na produção de sentidos em um texto. Depois vão produzir suas próprias fotos sobre tratamento de água e saneamento básico no lugar onde vivem para compor um álbum virtual. Por fim, vão postar fotos, com legenda, numa galeria sobre o tema em uma campanha de conscientização ambiental proposta pela Organização das Nações Unidas (projeto *Bem na foto*). Ao se posicionarem em relação ao tema, vão refletir sobre a sua realidade (na escola, no bairro, na cidade) para depois, com base no debate e em decisões coletivas, criarem seus textos para circulação entre colegas, familiares ou a população em geral.

Gostaríamos de concluir este capítulo convidando você a se reunir com colegas de Línguas Adicionais e de outros componentes curriculares para organizarem espaços e tempos escolares para compartilhar suas experiências de planejamento e os resultados alcançados nos projetos e nas tarefas propostas aos alunos. Encontros sistemáticos para a prática coletiva de organizar e, principalmente, de discutir planos de estudo e tarefas pedagógicas são fóruns privilegiados para a docência com discência. Também nós aprendemos socializando o que lemos e produzindo para interlocutores interessados em trocar ideias e refletir sobre como podemos melhorar e como podemos conquistar participações mais qualificadas através de um trabalho cada vez mais coeso, atuante e que vise, acima de tudo, à aprendizagem dos nossos alunos. Essas são metas em geral de longo prazo, mas que, com a confiança da parceria construída, tornam-se possíveis, divertidas e podem fazer a diferença. A parceria com os alunos também pode se tornar mais construtiva se a proposta pedagógica for compartilhada com eles: a construção de uma comunidade colaborativa de aprendizagem é resultado de pequenas conquistas diárias e renovadas em direção a novas maneiras de fazer ensino e aprendizagem levando-se em conta as especificidades do nosso aqui-e-agora e as articulações necessárias para promover as mudanças que queremos.

www

capítulo **4**

A AVALIAÇÃO COMO ALIADA DA APRENDIZAGEM:
UM CONTRATO ENTRE OS PARTICIPANTES

Neste capítulo, nos dedicamos a pensar a avaliação do trabalho realizado em projetos de ensino e aprendizagem, buscando planejar a avaliação sistematicamente e sempre a serviço da aprendizagem. Começamos chamando atenção para a necessidade de observação e reflexão sobre os procedimentos de avaliação em vigor na nossa sala de aula e na escola. A seguir, formulamos as boas razões que existem para avaliar e articular objetivos e critérios de avaliação. Cuidamos para que nossos procedimentos de avaliação deem os recados certos sobre o que entendemos serem aprendizagem e sucesso na aprendizagem, que nossa avaliação espelhe o que pensamos sobre leitura, escrita, compreensão e produção oral. Quadros dispostos ao longo de todo o capítulo servem para facilitar a busca de respostas específicas para cada contexto de atuação em particular.

Objetivo: problematizar a avaliação, abordando-a da forma como é feita na escola hoje, especialmente no componente curricular. Apontar uma ação diagnóstica que dê fundamento à tomada de decisões de ensino e de aprendizagem em línguas adicionais.

>> O **SISTEMA DE AVALIAÇÃO** EM VIGOR NA ESCOLA: POR QUE É IMPORTANTE ENTENDER O QUE ESTÁ SENDO FEITO E COMO?

>> **POR QUE AVALIAR?** AVALIAR PARA REALIZAR METAS DE APRENDIZAGEM CONSTRUÍDAS EM CONJUNTO;

>> O QUE AVALIAR? COMO AVALIAR? A RELAÇÃO ENTRE OBJETIVOS DE ENSINO E **CRITÉRIOS DE AVALIAÇÃO**;

>> DIAGNOSTICAR PARA **TOMAR DECISÕES** SOBRE COMO FAZER ENSINO E APRENDIZAGEM.

O SISTEMA DE AVALIAÇÃO EM VIGOR NA ESCOLA: POR QUE É IMPORTANTE ENTENDER O QUE ESTÁ SENDO FEITO E COMO?

Considerando que um projeto político-pedagógico envolve diretrizes e práticas escolares em relação a fazer ensinar e aprender e que é através da constante reflexão sobre elas que podemos conseguir que sejam significativas no nosso cotidiano escolar, é fundamental deliberar sobre as práticas de avaliação adotadas na escola, buscando compreender por que são adotadas e para que são utilizadas. Afinal, as práticas de avaliação podem fortalecer, ou desacreditar, o que a escola tem como metas educacionais.

No capítulo 2, sugerimos que você observasse o que é proposto pelo Projeto Político-Pedagógico de sua escola e o que vigora nos diferentes componentes curriculares em termos de práticas avaliativas. A seguir, sugerimos algumas perguntas para que você e seus colegas busquem reunir essas informações com a equipe diretiva, os professores, os alunos e pais ou responsáveis. A sistematização desses dados poderá auxiliá-los a compreender como acontece a avaliação, quais são seus objetivos, o que é feito com ela, se ela está ajudando os alunos a aprenderem, se seria interessante mudar alguma coisa, por quê, para quê e de que maneira.

Como acontece a avaliação na escola?
Pontos de vista da comunidade escolar

→ Por que a escola avalia? Por que o componente curricular avalia?

→ Quem é avaliado? Quem avalia? Com que objetivos?

→ Para quem se está avaliando? Para quem importam os resultados?

→ O que a avaliação está dizendo sobre a aprendizagem?

→ O que a avaliação está dizendo sobre o ensino?

→ Quais são as dificuldades da tarefa de avaliar?

→ Qual é a relação entre objetivos de ensino e o que é avaliado nos diferentes componentes curriculares?

→ Quais são os instrumentos utilizados para avaliar esses aspectos?

→ Quais são os critérios utilizados para avaliar esses aspectos?

→ Como sabemos se o que foi feito está satisfatório ou não? Diferentes atitudes em relação ao erro interferem nessa decisão? Diferentes perspectivas em relação ao uso do conhecimento interferem nessa decisão?

→ Trabalhamos com autoavaliação? Por quê? Como funciona? Qual é o papel da autoavaliação no sistema de avaliação escolar?

→ Como o aluno é informado sobre o seu desempenho (notas, conceitos, parecer descritivo, portfólio)? O aluno é informado sobre o que ele fez bem? Ou somente o que ele não alcançou?

→ Quais são as ações desenvolvidas a partir do resultado da avaliação? Há oportunidades para praticar novamente com vistas a superar o que foi considerado insatisfatório?

→ Como consideramos que o aluno está apto para seguir em frente?

→ Há muita retenção na escola? Maior do que a média da rede? Maior do que a de outras escolas em contextos semelhantes? Em quais anos? Por quê?

→ Que ações são desenvolvidas para diminuir a retenção e oferecer novas oportunidades para alunos com dificuldades?

→ Os educadores da escola conhecem os critérios e os formatos de testes padronizados de avaliação de rendimento escolar (SAEB, Prova Brasil, ENEM, PISA, etc.), os índices que deles decorrem (IDEB) e suas consequências?

→ Você está satisfeito com o sistema de avaliação em vigor? O que deveria mudar/melhorar? A comunidade escolar está satisfeita com o sistema de avaliação em vigor? O que deveria mudar/melhorar?

Conhecer o que a comunidade escolar pensa sobre essas questões e refletir sobre a relação entre o sistema de avaliação, o ensino e a aprendizagem são atitudes que podem ajudar a delinear o que queremos construir. Conforme ilustra a Figura a seguir, as práticas de avaliação refletem e refratam um complexo sistema de valores historicamente construído. Esse conjunto de valores relacionados envolve as representações e as influências de participantes diretos e externos sobre o que é avaliar, por que é importante avaliar, qual é o papel da avaliação e da correção na aprendizagem.

Figura 5

As práticas de avaliação refletem e refratam um sistema de valores historicamente construído

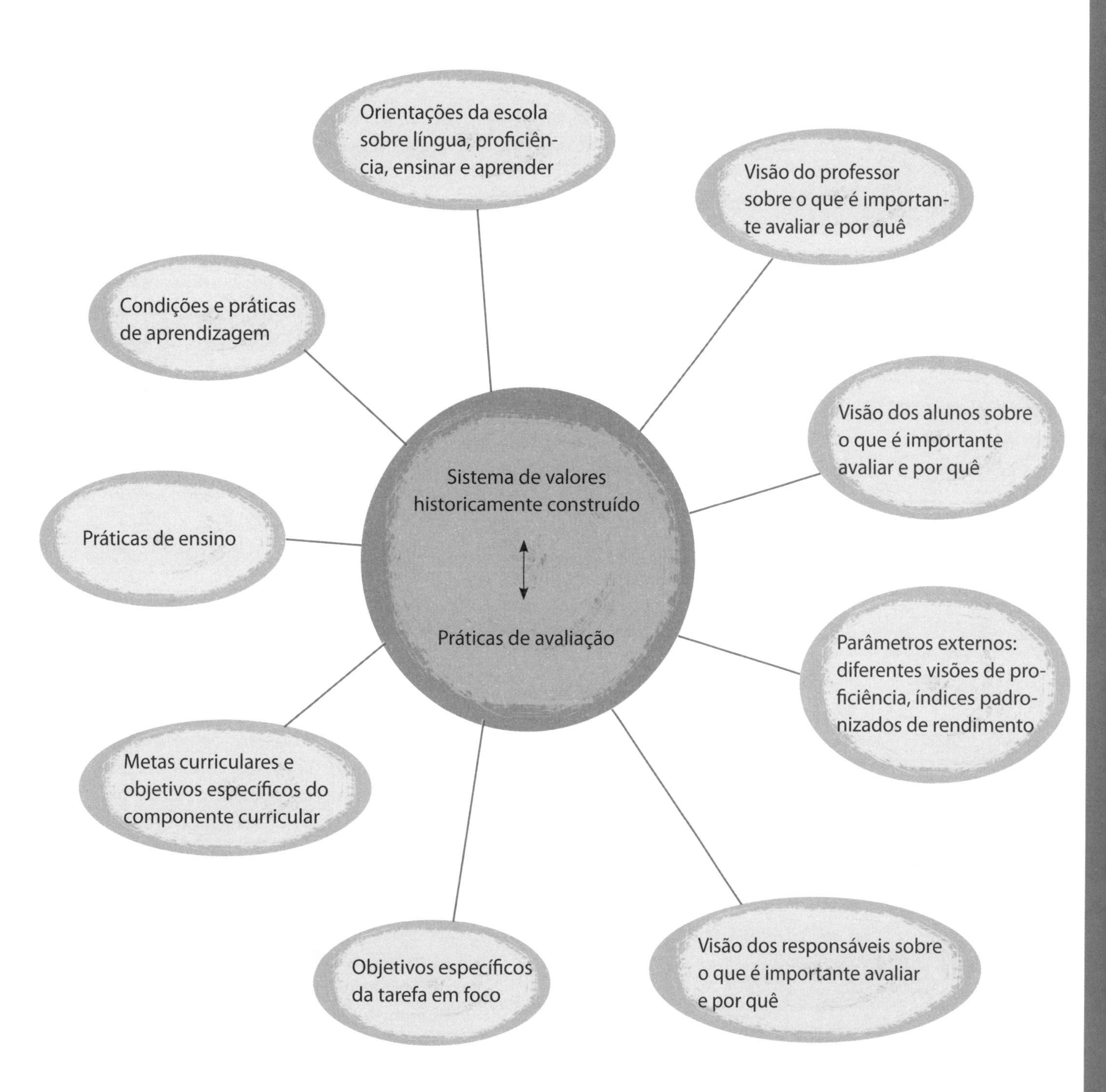

Portanto, ao fazer valer determinadas práticas de avaliação, podemos contribuir para a manutenção ou para o enfraquecimento de determinados valores, e muitas vezes podemos estar fazendo isso sem refletir com o devido cuidado, tantas são as nossas tarefas e responsabilidades. Da mesma maneira, qualquer mudança torna-se muitas vezes penosa, porque nos demanda a construção de justificativas perante todos os demais participantes. Se, por exemplo, entendemos que a construção conjunta de um álbum no Flickr e de comentários em relação às fotos (projeto *Bem na foto*) são instrumentos válidos para avaliar o que foi aprendido em inglês (e discutiremos a seguir os critérios para isso), é preciso estar preparado para explicar isso para os responsáveis. É bastante razoável que eles questionem tal procedimento, pois dificilmente terão tido experiências escolares desse tipo. Assim, será preciso, por exemplo, articular com clareza por que essa avaliação pode substituir uma prova e de que maneira esse resultado está relacionado com as metas educacionais. Para tanto, essa articulação deve ser cultivada com base no nosso conhecimento do que fazemos e de por que fazemos as escolhas que fazemos na hora de avaliar: como educadores, temos a responsabilidade de buscar (e justificar) uma avaliação que possa contribuir para a aprendizagem dos alunos e para a construção dos discursos sobre essa aprendizagem. Em síntese, numa avaliação subordinada à aprendizagem, os aprendizes devem encontrar nos momentos de avaliação oportunidades de desenvolver a capacidade de contar o que aprenderam ao organizarem as respostas para a pergunta singela: o que eu aprendi?

Evidentemente, no nosso caso, o que entendemos por saber uma língua adicional e aprender essa língua passa a ser uma questão fundamental. O que é saber inglês quando alguém diz que sabe inglês? Se, por exemplo, entendemos que, para saber inglês, é preciso saber o vocabulário básico dessa língua para depois formar frases e só então enfrentar textos nessa língua, pode fazer sentido apresentar listas de palavras (cores, animais, partes da casa, etc.) para fazer frases com elas. Muito provavelmente, nossa aula será composta por exercícios de memorização e, de maneira coerente, nossa avaliação irá verificar se as palavras foram ou não memorizadas e se os estudantes podem formar frases com elas. Se, no entanto, entendermos que saber uma língua é poder participar de ações que acontecem também nessa língua (ler, ouvir, falar, escrever inglês), memorizar palavras pode até ser parte do processo, mas certamente não será o mais significativo para a avaliação. Nessa perspectiva, o que importa é se o educando conseguiu ampliar a sua participação usando o que aprendeu (o que inclui palavras e frases da língua inglesa).

Muitas vezes nossa meta é construir essa participação, e nós trabalhamos nesse sentido em sala de aula, trazendo tarefas para que os alunos possam aprender ao participar em atividades coletivas e motivadoras. Contudo, por força de uma história já tão sedimentada, no momento de avaliação de uma aprendizagem que pode ter sido bem mais extensa e profunda, acabamos por valorizar somente o resultado de uma prova, a correção ortográfica das palavras ou a memorização de uma regra ou de itens de vocabulário. Isso não quer dizer que, numa perspectiva de educação linguística escolar pautada por critérios de uso da linguagem, esses aspectos não estejam incluídos. Entretanto, conforme veremos mais adiante, esses pontos destacados para teste precisam ser dimensionados, considerando as metas de aprendizagem, os objetivos de ensino e a interlocução que estamos querendo construir com os participantes envolvidos na avaliação.

Na nossa experiência com cenários escolares, entre as dificuldades de avaliar mencionadas pelos professores estão, por exemplo:

→ conceber e construir instrumentos de avaliação além de provas;

→ construir provas e tarefas de avaliação coerentes com o que queremos avaliar;

→ relacionar objetivos de avaliação com as metas de aprendizagem e os objetivos de ensino;

→ construir critérios coerentes que levem em conta níveis sempre inevitavelmente distintos de conhecimento entre os alunos e as diferentes condições de aprendizagem e de ensino;

→ compreender as funções do *feedback* e da correção;

→ transformar o desempenho observado em notas/conceitos/pareceres, de acordo com o sistema adotado na escola e na burocracia escolar.

Também tem nos chamado a atenção como muitas das tarefas pedagógicas levadas para a sala de aula a princípio com o objetivo de ensinar, em vez disso, são usadas para avaliar. Por exemplo, em vez de engajar os alunos em tarefas para gradativamente construir leituras possíveis de um texto, o texto é utilizado tão somente para ilustração de formas linguísticas, ou para medir se houve (ou não) compreensão de determinadas informações ou itens gramaticais. A seguir, abordamos essas questões, organizando a discussão a partir das seguintes perguntas gerais: por que avaliar? O que avaliar? Como avaliar?

POR QUE AVALIAR? AVALIAR PARA REALIZAR METAS DE APRENDIZAGEM CONSTRUÍDAS EM CONJUNTO

Nas mais diversas atividades cotidianas, seja a conversa com um amigo, a entrevista para um emprego, o preenchimento de um formulário ou a leitura da conta de luz, estamos constantemente avaliando nossas ações e as ações do outro para calibrar nossas escolhas e nossos objetivos de acordo com o que queremos. Diagnosticando se o que está sendo construído "está indo bem" ou "está indo mal", podemos manter ou mudar o rumo das coisas. Na escola não é diferente. Se a meta é a aprendizagem, levamos em conta essa meta e, como participantes desse processo, articulamos metas de aprendizagem e objetivos de ensino e prestamos atenção ao que está sendo alcançado. Se estamos alcançando as metas, para onde vamos a seguir? Se não estamos, o que estamos fazendo aqui? O que poderíamos fazer para redimensionar as metas ou buscar outros resultados?

Parece claro, contudo, que há determinadas construções históricas muito fortes e profundas que é preciso confrontar em relação aos valores associados às práticas de avaliação na escola. Entre elas está a aceitação de listas de conteúdos estanques e descontextualizados como se representassem metas de aprendizagem para a vida. Se, por um lado, não aceitamos mais práticas como chapéu de burro, palmatória, castigos e punições físicas, por outro ainda é comum tolerar propostas de prova ou teste para "dar uma lição", no sentido de controlar os alunos por ameaça ou castigo. Nesse histórico, figura a avaliação usada, por exemplo, como ameaça ao aluno pela falta de atenção na aula ou de dedicação nos estudos, como punição por condutas indisciplinadas, como instrumento do poder de quem avalia na sala de aula, ou ainda de manutenção da diferença de conhecimentos entre alunos e professores. Usar a avaliação para esses fins não é o que estamos propondo aqui.

Reproduzido sob autorização de Laerte

Alguns professores que rejeitam esse histórico e se recusam a avaliar desse modo, ainda assim têm dificuldade para superar as experiências negativas que conhecem, em muitos casos desde a sua própria experiência como alunos. De fato, muitas representações da escola e da sala de aula dizem respeito a isso. Talvez pela falta de oportunidade para refletir sobre práticas alternativas, esses professores optam por fazer avaliação "para constar", atendendo às exigências administrativas de produzir notas, conceitos e pareceres, mas deixando assim de reconhecer que a avaliação pode ser uma experiência de aprendizagem para todos os envolvidos na educação escolar.

Reproduzido sob autorização de Laerte

Na nossa opinião, questões que dizem respeito à atenção ou à dedicação do aluno e à disciplina em sala de aula devem ser problematizadas, discutidas e enfrentadas, mas isso não se confunde com a avaliação de conhecimentos aprendidos. Da mesma maneira, o exercício de poder por controle do outro e o pressuposto da diferença de conhecimento entre os participantes de encontros na sala de aula deve ser pauta de reflexão constante. Numa perspectiva de educação que parte do princípio de igualdade dos participantes em relação à capacidade de aprender (todos podem aprender) e que entende como início da aprendizagem a motivação para aprender (oportunizada, na escola, por desafios provocados pelo professor, pelos próprios alunos e pelo mundo que os cerca), usar a avaliação para classificar diferenças entre os alunos não faz bom sentido educacional. Pelo contrário, faz bom sentido educacional ter na avaliação elementos para verificar que todos e cada um dos participantes envolvidos alcançaram suas próprias metas de aprendizagem tornadas públicas no início do projeto de aprendizagem e tomam conhecimento disso pelo que pode ser inferido dos resultados da avaliação.

Então, afinal, quais são os objetivos da avaliação na escola? Tomando a aprendizagem como meta, entendendo como sucesso de aprendizagem conhecer o seu próprio mundo, usar a língua inglesa para participar no mundo que acontece também em inglês e relacionar conhecimentos de diferentes componentes curriculares para esses fins, é necessário explicitar quais as competências envolvidas para tornar-se proficiente e como essas competências podem figurar em um plano de ensino.

Sucesso na aprendizagem

Conhecer a si próprio para ler o mundo e participar de maneira crítica, criativa e atuante nos espaços de ação onde se deseje adentrar

Usar a língua inglesa para participar no mundo que acontece também em inglês

Relacionar o conhecimento em inglês com outros conhecimentos para agir no mundo

Competências necessárias = Metas de aprendizagem

Ler, escrever, ouvir e falar, reconhecendo a função social de textos em inglês para agir e posicionar-se diante do que eles nos dizem, usando os recursos linguísticos implicados

Plano de ensino (objetivos e práticas)

Ler, escrever, ouvir e falar textos decididos conjuntamente como relevantes para agir no mundo

Recursos linguísticos necessários para isso

Parâmetros de avaliação para diagnóstico do que foi alcançado e do que pode melhorar

Critérios de avaliação (o que avaliar, o que são dados relevantes)

Descritores de desempenho (o que se entende como satisfatório ou insuficiente)

Novo plano de ensino (novos objetivos e práticas)

O plano de ensino, que inclui objetivos de ensino e práticas de sala de aula, orienta a elaboração de parâmetros de avaliação. Por sua vez, parâmetros de avaliação coerentes com o que entendemos como competências em foco nos darão a possibilidade de inferir o que foi alcançado e o que não foi, informando decisões de como prosseguir.

A avaliação na educação escolar, portanto, é orientada pelo plano de ensino e pela necessidade de acompanhar a extensão do sucesso alcançado por todos os participantes na execução desse plano. Deve servir para acompanhar se os objetivos de ensino estão adequados para o grupo de aprendizes, se as práticas de sala de aula estão criando oportunidades para a aprendizagem do que está em foco, se educadores e estudantes estão engajados nessas práticas e se os resultados alcançados estão satisfatórios no cumprimento das metas de aprendizagem. Numa avaliação de rendimento[1], portanto, é importante levar em conta o que foi planejado e o que foi executado, em um determinado período e nas condições que se teve, para selecionar os aspectos mínimos, necessários e relevantes que deverão ser considerados para decidir como avançar.

Também importa refletir sobre quem pode avaliar e para quem estamos avaliando. Entendemos que é proveitoso que os diversos participantes da educação escolar produzam avaliações em momentos oportunos para isso. Os alunos se autoavaliam, avaliam o trabalho de seus colegas e do professor; os professores se autoavaliam e avaliam o trabalho dos alunos; colegas educadores e a equipe diretiva avaliam o que foi realizado e como; pais ou responsáveis e o público-alvo avaliam o que está sendo produzido pelos estudantes e o que a escola e os educadores estão oferecendo como experiência de educação escolar aos jovens. Da mesma maneira, a avaliação é para todos: os alunos precisam saber o que está bem, o que não está e o que podem fazer para ir adiante; o professor precisa saber se suas propostas de ensino estão contribuindo para a aprendizagem; os colegas educadores e a equipe diretiva são parceiros dessa construção e poderão ajustar seus próprios fazeres a partir do que está acontecendo em cada componente curricular; os pais e responsáveis podem saber se os estudantes estão aprendendo e o quê; e o público-alvo da interlocução projetada pelos trabalhos será a principal baliza para a função social da escola de educar para a vida e o mundo[2].

1. Estamos aqui nos referindo aos objetivos da **avaliação de rendimento**, que busca verificar o alcance da aprendizagem com base no que foi desenvolvido e trabalhado em sala de aula. Isso se distingue de **avaliação de proficiência**, a verificação do que alguém é capaz de fazer em um determinado momento para determinados fins independentemente de como ou onde esses conhecimentos foram aprendidos, de **avaliação de nivelamento**, que visa a decidir o nível mais adequado para um ingressante em um programa curricular, mediante a verificação do conhecimento prévio, e de **avaliação diagnóstica**, que visa a verificar o que já é conhecido a fim de calibrar o ponto de partida para o ensino de novos conhecimentos (por exemplo, como cotidianamente fazemos a cada vez que perguntamos aos alunos o que eles já sabem sobre a questão que vamos tratar ou quando lhes apresentamos um problema para ver como resolvem e a partir daí sabemos o que priorizar).

2. A participação de todos no processo demanda refletir sobre como serão expressos os resultados para cada participante. Por exemplo, o uso de termos técnicos em relação aos objetivos de cada componente curricular na documentação interna da escola exigirá ajustes nos relatórios ou boletins dirigidos aos alunos e responsáveis e em avaliações para públicos mais amplos.

O QUE AVALIAR? COMO AVALIAR? A RELAÇÃO ENTRE OBJETIVOS DE ENSINO E CRITÉRIOS DE AVALIAÇÃO

Avaliar os resultados de um plano de ensino, em uma aula de língua, envolve:

→ usar o conhecimento aprendido, considerando o contexto de produção e de recepção,

→ saber dizer/contar o que aprendeu,

→ em certas situações, saber nomear os novos recursos que usou, e

→ saber dizer o que fazer para melhorar.

Para ilustrar cada um dos aspectos acima, vamos retomar o que foi proposto nas tarefas do projeto *Bem na foto*, apresentado no capítulo anterior. Abaixo reproduzimos a síntese das etapas do projeto, a serem construídas em conjunto com os alunos.

Objetivos e etapas do projeto *Bem na foto*

→ Discutir o filme *Ilha das Flores* em inglês, *Island of Flowers* (ou *Isle of Flowers*);

→ conhecer o *site* da ONU para discutir o movimento *World Water Day*;

→ viajar por imagens em álbuns de fotografia virtuais que mostram como é o abastecimento e o tratamento de água ao redor do mundo;

→ contribuir para esse álbum com fotos da nossa comunidade, cidade ou país;

→ ler textos em inglês e português sobre filmes e sobre abastecimento, tratamento de água e saneamento;

→ manifestar opinião em inglês sobre filmes;

→ escrever legendas de fotos e comentários em inglês sobre filmes, fatos e fotos acerca das nossas discussões;

→ participar de uma campanha de conscientização ambiental e do mundo que se faz em português e inglês.

Para desenvolver todas essas etapas, são necessários conhecimentos mínimos relacionados ao uso de textos e aos recursos expressivos que deverão construir nossas metas de aprendizagem e objetivos de ensino. No Quadro 4A (capítulo 3), explicitamos esses objetivos em competências relacionadas a autoconhecimento, letramento e interdisciplinaridade. A partir dessa primeira organização, podemos ir construindo com os alunos desde o início e ao longo do processo o que poderíamos chamar de um **contrato de avaliação**, expressando as expectativas de aprendizagem envolvidas na execução do projeto que estamos nos comprometendo a desenvolver.

A construção de critérios de avaliação

Para avaliar o desenvolvimento de projetos de ensino e aprendizagem, é necessário levar em conta não só as ações dos participantes envolvidos, mas também as condições de produção. Pensar nesses critérios desde o começo esclarece a todos o que está sendo considerado importante e o que está sendo pressuposto a fim de acompanhar as etapas do planejamento e alcançar os resultados pretendidos. Apresentamos a seguir alguns exemplos de critérios que poderiam ser levados em conta no desenvolvimento de um projeto que reúne objetivos de autoconhecimento, letramento e interdisciplinaridade.

Avaliação das condições de produção	**A***	**PA**	**NA**
Houve definição clara dos objetivos e das etapas do projeto.			
Houve definição clara de interlocução e propósito para a produção final do projeto.			
Os textos utilizados foram relevantes para dar concretude ao projeto.			
Houve acesso à infraestrutura necessária para o desenvolvimento das etapas do projeto.			
Houve oportunidades para desenvolver leitura, escrita, compreensão e produção oral (de acordo com os objetivos do projeto).			
Houve oportunidades para a prática de recursos linguísticos.			
Os conhecimentos podem ser usados em espaços em que atuamos ou queremos atuar.			
Houve encontros com professores de outros componentes curriculares para estudo de tópicos específicos.			
Houve oportunidades para levar a público o produto final.			
Os momentos de (auto)avaliação promoveram redirecionamentos necessários.			
O tempo foi suficiente para o desenvolvimento do projeto.			
Outro:			

*A: Atingido; PA: Parcialmente atingido; NA: Não atingido.

(Auto)avaliação de desempenho do coordenador/professor no desenvolvimento do projeto	A*	PA	NA
Coordenou as decisões relativas às etapas do projeto.			
Propôs tarefas relevantes para o desenvolvimento do projeto.			
Promoveu a busca de informações/dados/explicações relevantes.			
Promoveu a reflexão sobre o tema e subtemas da unidade.			
Relacionou os conhecimentos em foco com a vida dos alunos.			
Relacionou os conhecimentos em foco com conhecimentos de outros componentes curriculares.			
Promoveu a participação colaborativa nos grupos.			
Desenvolveu práticas de sala de aula coerentes com a proposta.			
Foi sensível a mudanças de curso do projeto, auxiliando no redirecionamento das atividades.			
Forneceu *feedback*.			
Promoveu práticas de avaliação e autoavaliação.			
Outro:			

(Auto)avaliação de desempenho do aluno no desenvolvimento do projeto	A*	PA	NA
Contribuiu para a construção coletiva de aprendizagem, participando em atividades com colegas.			
Realizou as tarefas sob sua responsabilidade.			
Cumpriu com o cronograma ou solicitou ajustes pertinentes para o seu cumprimento.			
Contribuiu com informações/dados relevantes.			
Contribuiu para o proveito das discussões em aula.			
Produziu os textos escritos solicitados.			
Reescreveu os textos para identificar e superar problemas, alcançando ganhos de expressão.			
Demonstrou crescimento na compreensão e na produção dos gêneros do discurso focalizados.			
Usou os recursos expressivos com adequação às interlocuções e propósitos.			
Relacionou os conhecimentos com a sua vida.			
Relacionou os conhecimentos com outros componentes curriculares.			
Explicitou o que aprendeu e como aprendeu.			
Outro:			

*A: Atingido; PA: Parcialmente atingido; NA: Não atingido.

Veja que os critérios apresentados explicitam aspectos que serão considerados importantes no desenvolvimento do projeto tanto para as condições de produção como para o desempenho dos participantes. São critérios genéricos que poderiam ser utilizados em qualquer projeto que tenha como objetivos promover o autoconhecimento, o letramento e a interdisciplinaridade. Essa explicitação orienta os alunos e o professor no desenvolvimento do projeto, pois desde o início é possível saber as linhas gerais do que é esperado de cada um e o que é necessário em termos de condições para levar o projeto a cabo.

A prática de decisão coletiva sobre como os critérios são alcançados (A, AP ou NA) é uma atividade importante para ajustar as expectativas. Por exemplo, avaliar os textos utilizados, as informações obtidas ou as tarefas desenvolvidas como relevantes depende de como os participantes se relacionam com o que foi proposto. No planejamento do projeto *Bem na foto*, por exemplo, estamos pressupondo que navegar pelo *site* da ONU é relevante para contextualizar a campanha *World Water Day*. Contudo, só saberemos se isso se constrói de fato como relevante ao discutirmos a questão com quem está envolvido na atividade e confrontarmos diferentes posicionamentos e justificativas. Uma maneira de fazer isso é ter oportunidades de autoavaliação e de avaliação pelo outro (colega, professor, outros participantes que acompanharam o projeto): com base em opiniões diferentes e na possibilidade de discuti-las, podemos chegar a uma compreensão conjunta do que está sendo esperado, e essa compreensão possibilita que todos alcancem os resultados pretendidos.

Fundamental para o desenvolvimento das etapas do projeto é ter oportunidades sistemáticas ao longo do trabalho para avaliar o que está sendo construído. No projeto *Bem na foto*, por exemplo, podemos ver essas oportunidades a cada momento em que os alunos precisam discutir e conferir com o colega ou com o professor o que fizeram (confira as orientações de discussão das respostas dos alunos com os colegas nas várias tarefas do projeto). Mas há também momentos mais formais de avaliação, quando é solicitado o uso das aprendizagens construídas e a sua explicitação. Por exemplo, na Parte IV, a Tarefa 2c apresenta aos alunos, através de perguntas, os critérios que eles podem utilizar para (auto) avaliar as legendas construídas por eles próprios e dos colegas e então revisá-las, se for necessário, antes de publicá-las no *site*. Engajando-se nessa atividade, eles poderão não apenas construir os critérios relevantes para posicionar-se perante esse gênero do discurso (fotos com legendas), mas também ajustá-los à interlocução e aos propósitos da situação de comunicação da qual estão participando. Na Tarefa 6 (Parte IV), ao comentar as fotos dos colegas, estarão novamente usando esses critérios, agora já discutidos e ajustados.

Se as orientações do projeto *Bem na foto* em "Pra começo de conversa..." servem para promover combinações com a turma no início do trabalho (diagnosticando o que eles já sabem para calibrar as metas de aprendizagem e os objetivos de ensino), a Parte V trata especificamente da retomada dos objetivos do projeto a fim de construir um fechamento com a reflexão, o uso e a explicitação das aprendizagens construídas: usar, saber dizer/contar que usou, nomear o que usou e dizer o que pode melhorar. As perguntas tratam dos objetivos nucleares do projeto: apresentar as condições de saneamento básico na localidade (Tarefa 1a e Tarefa 4), compreender a função social de uma campanha de conscientização ambiental e participar dela (Tarefas 1 e 4), e discutir criticamente o filme *Ilha das Flores* (Tarefas 2 e 3), usando o que aprendeu para construir novos discursos a partir de novas oportunidades de discussão com os colegas. A função do componente curricular de

Línguas Adicionais em relação ao filme *Ilha das Flores* é promover uma compreensão mais aprofundada da complexidade das questões levantadas pelo filme, bem como de sua intertextualidade. Por isso, na avaliação, o que está em discussão é: como o que compreendo hoje ao assistir ao filme é diferente do que eu compreendia no início do projeto?

A Tarefa 5 tem o objetivo de explicitar as aprendizagens, sistematizando os conhecimentos mobilizados no projeto e construindo maneiras de dizer/contar o que aprendeu. Nessa sistematização estão incluídos os objetivos de participação no mundo que se faz também em inglês, a relação dos conhecimentos aprendidos com os de outros componentes curriculares e também os objetivos específicos relacionados a lidar com textos (escritos e orais) em inglês. Saber contar o que foi ensinado e o que foi aprendido também inclui aprender a nomear textos ou itens gramaticais, que serão os conteúdos reconhecíveis por aqueles a quem temos a responsabilidade de nos reportar (alunos, pais ou responsáveis, coordenador pedagógico, etc.). Mas em vez, de nomear somente "campanhas", "*verb to be*" e "*simple present*", talvez possamos acrescentar para que servem: "campanha de conscientização ambiental Dia da Água", "*verb to be* e *simple present* para escrever comentários no Flickr sobre fotos da nossa localidade". Essa pequena grande mudança poderá, aos poucos, levar ao entendimento de que o foco do ensino e da aprendizagem das aulas de inglês são as participações dos alunos mediante o uso de um repertório linguístico que estão construindo, e não apenas o repertório linguístico em si. Para concluir, as duas últimas perguntas (Parte V, Tarefas 6 e 7) trazem oportunidades para refletir sobre como aprendemos e sobre quais novas aprendizagens são desejadas a partir desse lugar em que estamos agora. Em qualquer processo de aprendizagem, ao discutir com o outro o que aprendemos, e como, podemos nos dar conta de que há outros caminhos possíveis e novas participações a serem buscadas a partir do que já se consegue fazer neste momento.

Não se exclui desse processo uma prova para reunir e sistematizar os conhecimentos e capacidades adquiridos. Sendo esse o objetivo da tarefa, espera-se pleno sucesso da turma. O instrumento, portanto, deve refletir o que de fato foi construído até então e em formato semelhante ao que foi praticado. A correção das provas em conjunto ou entre os alunos, por exemplo, pode constituir-se em nova oportunidade de aprendizagem ao possibilitar o surgimento de ênfases diversas no entendimento do que foi aprendido.

Podemos também organizar os objetivos em um boletim de desempenho do aluno, focalizando as aprendizagens planejadas, que serão os critérios para nossa avaliação. Novamente, essa avaliação pode ser feita pelo próprio aluno (autoavaliação), pelos colegas, professor e outros avaliadores, caso assim seja combinado. A seguir, apresentamos algumas sugestões de boletins de desempenho para avaliar as aprendizagens que buscamos no projeto *Bem na foto*. Começamos explicitando genericamente os objetivos do projeto, que também são metas de aprendizagem e objetivos de ensino, ou seja, metas de participação do educando no seu mundo (escola e fora da escola). Veja que as metas incluem participações em português e em inglês: como já vimos, a aula de Inglês não tem somente metas de os alunos gradativamente estarem aptos a usar conhecimentos em língua inglesa nas suas vidas, mas também a relacionar esses conhecimentos com os de outros componentes curriculares e participar em outra(s) língua(s) em novos discursos de maneira cada vez mais crítica, criativa e atuante.

BOLETIM DE DESEMPENHO: PARTICIPAÇÃO NA ESCOLA E FORA DA ESCOLA **Autoavaliação/avaliação: o que aprendi/o aluno aprendeu no projeto *Bem na foto***			
Nome do aluno:			
Problematização do projeto *Bem na foto* Saneamento básico: qual o nosso papel nesse debate?	**Avaliação**		
Sou capaz de... / Você é capaz de...	**A***	**PA**	**NA**
Explicar as condições de saneamento básico na localidade e como elas se relacionam com as condições em outros lugares (em português).			
Discutir o filme ***Ilha das Flores*** (em português).			
Participar de uma campanha de conscientização ambiental e do mundo que se faz em português e inglês.			
Relacionar conhecimentos de textos em inglês sobre saneamento com conhecimentos de outros componentes curriculares.			
O que pode melhorar?			

*A: Atingido; PA: Parcialmente atingido; NA: Não atingido.

Aqui também é fundamental a discussão coletiva sobre o que significa atingir as metas ou não (A, PA, NA), e poder refletir de maneira aprofundada sobre isso inclui tematizar as metas específicas de aprendizagem que dizem respeito à compreensão e à produção de textos em língua inglesa, conforme explicitado no boletim que apresentamos a seguir. O espaço "O que pode melhorar?" reafirma a busca por novos conhecimentos a partir de uma avaliação diagnóstica. Isso significa também criar oportunidades para novas práticas dos conhecimentos e capacidades em desenvolvimento no projeto e que precisam ser revistos, ou de novos conhecimentos a partir do que já foi aprendido. Também é importante dizer que, ao explicitar os conhecimentos em pauta no projeto, se pode dar um *feedback* ao aluno sobre o que ele alcançou, conferindo à avaliação um momento afirmativo (o que se é capaz de fazer) e não unicamente restritivo. Por isso sugerimos também que, no espaço "O que pode melhorar?", sejam indicados apenas alguns aspectos que envolvam conhecimentos que o aluno realmente poderá dar conta de retomar ou buscar.

A seguir está um boletim de desempenho que apresenta uma relação mais detalhada das metas de aprendizagem envolvidas na leitura, escrita, compreensão e produção oral de textos em inglês e uso de recursos expressivos específicos para a compreensão e produção dos gêneros do discurso focalizados. Como você pode notar, aqui sugerimos uma gradação (3, 2, 1, não fiz/fez) para descrever os desempenhos em cada um dos critérios. Essa gradação está descrita de maneira genérica nos parâmetros de avaliação a seguir, que esclarecem para o aluno os aspectos avaliados (interlocução, propósito, recursos expressivos trabalhados em aula e utilização da informação para dar consistência ao texto) e o que se espera do aluno em termos de reescrita ou prática oral.

BOLETIM DE DESEMPENHO: PARTICIPAÇÃO NA ESCOLA E FORA DA ESCOLA **Autoavaliação/avaliação: o que aprendi/o aluno aprendeu no projeto *Bem na foto***				
Nome do aluno:				
Leitura e escrita				
Objetivos **Compreender os seguintes gêneros escritos:** Ficha técnica e sinopse de filmes; verbetes; *nursery rhyme*; página de internet da ONU; campanha *World Water Day* (notícia e nota explicativa); álbum de fotos virtuais (Flickr) Water for cities: responding to the urban challenge – fotos, legendas e comentários. **Produzir os seguintes gêneros escritos:** Legendas e comentários para fotos em álbum virtual (Flickr) Water for cities: responding to the urban challenge.	**Avaliação**			
Sou capaz de... / Você é capaz de...	**3**	**2**	**1**	**não fiz/fez**
Compreender as funções sociais e modos de organização de textos escritos relacionados a filmes (ficha técnica, sinopse) (*vocabulary about movies*).				
Compreender as funções sociais e modos de organização de verbetes (*verb to be, simple present, countable and uncountable nouns*).				
Navegar no *site* da ONU e compreender um problema relacionado a saneamento (*vocabulary about urban water system*).				
Compreender os objetivos, o público-alvo e a forma de participar da campanha *World Water Day*.				
Compreender as funções sociais e modos de organização de álbuns virtuais de fotografia.				
Ler/usar imagens para mostrar e denunciar problemas e soluções relacionados ao saneamento.				
Compreender e produzir efeitos de sentido relacionando recursos visuais e recursos gráficos: relação entre imagem e texto escrito, pontuação.				
Usar estratégias de compreensão para ler textos em inglês.				
Escrever comentários para manifestar apreciação e opinião sobre fotos de condições de saneamento básico do bairro/cidade (*verb to be, simple present, comparative and superlative, adjectives and verbs to express positive and negative opinions, agreeing and disagreeing*).				
Cadastrar-se em um *site* (*verb to be, simple present, personal information*).				
O que pode melhorar?				

BOLETIM DE DESEMPENHO: PARTICIPAÇÃO NA ESCOLA E FORA DA ESCOLA **Autoavaliação/avaliação: o que aprendi/o aluno aprendeu no projeto *Bem na foto***				
Nome do aluno:				
Compreensão e produção oral				
Objetivos **Compreender os seguintes gêneros orais:** Filme de curta metragem: *Island of Flowers*. **Produzir os seguintes gêneros orais:** Conversa para expressar opinião sobre filmes.	**Avaliação**			
Sou capaz de... / Você é capaz de...	**3**	**2**	**1**	**não fiz/fez**
Compreender as funções sociais e modos de organização de filmes, distinguindo documentário de filme de ficção.				
Compreender efeitos de sentido relacionando recursos visuais e recursos orais: relação entre o texto do filme e imagens.				
Compreender, perguntar e expressar opiniões sobre filmes.				
O que pode melhorar?				

Parâmetros de avaliação de leitura e escrita – descritores[3]		
RESULTADO	**DESCRIÇÃO**	**RECOMENDAÇÃO**
3 CUMPRE A TAREFA ADEQUADAMENTE	- Apresenta marcas da interlocução solicitada e realiza a(s) ação(ações) solicitada(s) pela tarefa. - Usa recursos expressivos adequados para a situação de comunicação proposta. Inadequações linguísticas não comprometem o cumprimento da ação. - Usa informações de maneira coerente e autoral.	REESCRITA para aperfeiçoar e/ou ampliar os recursos expressivos; submeter texto reescrito a colegas para reação e comentário.
2 CUMPRE A TAREFA PARCIALMENTE	- Interlocução ou ação solicitada não está clara. - Inadequações no uso de recursos linguísticos dificultam a realização da ação proposta. - Informações incoerentes ou trechos confusos.	REESCRITA para explicitar marcas de interlocução ou a ação solicitada; adequar ou utilizar maior variedade de recursos expressivos; reformular ou refazer trechos problemáticos para entendimento do interlocutor.
1 NÃO CUMPRE A TAREFA	- Escreve outro texto, diferente do solicitado. - Inadequações linguísticas impedem a realização da tarefa solicitada. - Cópia ou produção insuficiente para o cumprimento da tarefa.	REESCRITA para realizar novamente a tarefa solicitada.

3. Os parâmetros de avaliação de leitura e escrita, com a explicitação de descritores envolvendo interlocução, propósito, recursos expressivos e informação para dar consistência ao texto, sintetiza resultados de pesquisa na área de avaliação de uso da linguagem desenvolvido no Programa de Português para Estrangeiros e no Programa de Pós-Graduação em Letras da Universidade Federal do Rio Grande do Sul. Agradecemos as contribuições de Juliana Roquele Schoffen e de Camila Dilli Nunes na sistematização e na redação anteriores dessa proposta.

Parâmetros de avaliação de compreensão e produção oral – Descritores		
RESULTADO	**DESCRIÇÃO**	**RECOMENDAÇÃO**
3 CUMPRE A TAREFA ADEQUADAMENTE	- Apresenta marcas da interlocução proposta. Realiza a(s) ação(ações) solicitada(s) pela tarefa. - Usa recursos expressivos adequados para a situação de comunicação proposta. Inadequações linguísticas não comprometem o cumprimento da ação. - Apresenta fluência. Inadequações de pronúncia não causam problemas para a compreensão.	PRÁTICA para aperfeiçoar, ampliar ou lapidar os recursos expressivos, inclusive a pronúncia.
2 CUMPRE A TAREFA PARCIALMENTE	- Realiza as ações solicitadas com dificuldade ou apresenta inadequações nas marcas da interlocução proposta. - Inadequações linguísticas dificultam a realização da ação. - Apresenta inadequações de pronúncia que podem dificultar a compreensão.	PRÁTICA para explicitar marcas de interlocução ou realizar as ações solicitadas; adequar ou utilizar maior variedade de recursos expressivos; melhorar a fluência ou adequar a pronúncia.
1 NÃO CUMPRE A TAREFA	- Demonstra problemas de compreensão ou não realiza as ações solicitadas. - As inadequações linguísticas impedem a realização da tarefa solicitada. - Apresenta muitas inadequações de pronúncia, que comprometem a comunicação.	PRÁTICA para realizar as ações solicitadas na tarefa.

Como você pode observar, tanto nos parâmetros de avaliação de leitura e produção escrita quanto nos de compreensão e produção oral estamos integrando as habilidades de compreensão e produção. Isso, no entanto, não quer dizer que essas habilidades precisam ser sempre avaliadas de maneira integrada. Muitas vezes, as tarefas que usamos para a verificação de compreensão leitora ou oral são produções em português (comentários, discussões, respostas a perguntas específicas sobre o que foi lido ou assistido) ou tarefas de seleção de possibilidades de compreensão (como é o caso, por exemplo, da Parte I, Tarefa 3b). Também nesses casos, é preciso refletir sobre descritores e sobre o que vamos considerar como desempenhos satisfatórios levando em conta as possibilidades de respostas orientadas pela interlocução e pelo propósito de compreensão e produção da tarefa proposta.

Outra questão importante é que os parâmetros apresentam uma descrição do que significa cumprir, cumprir parcialmente e não cumprir a tarefa levando em conta diferentes critérios (interlocução, propósito, recursos expressivos trabalhados em aula e utilização da informação para dar consistência ao texto) de maneira integrada. Isso caracteriza uma perspectiva holística para avaliar o desempenho levando sempre em conta todos os aspectos como inter-relacionados e sem pontuá-los separadamente[4]. Por exemplo, a interlocução e o propósito da escrita serão atualizados pela seleção de informações e pelos recursos

4. À **avaliação holística** se contrapõe a **avaliação analítica**, que analisa e pontua cada critério separadamente. Usar uma avaliação holística é uma opção que prioriza a integração dos aspectos analisados e um olhar voltado para a contribuição das partes para o todo e, por isso, em geral, tende a valorizar o que está bom no texto. Uma avaliação analítica dirige o olhar para cada critério em separado e, por isso, tende a ser mais precisa ao apontar o que pode ser melhorado. Ambas as perspectivas são úteis na avaliação, e a escolha de uma, de outra ou de ambas deve ser pautada pelos objetivos da avaliação e do que vai se propor a partir dela.

expressivos utilizados, e mudar a composição ou o estilo do que está sendo dito significa causar mudanças em como o autor se posiciona, para quem e por que razão. Para o aluno que quer reescrever o seu texto, no entanto, pode ser importante receber indicações mais específicas de mudanças que poderão qualificar o seu texto até alcançar os efeitos de sentido desejados.

Feedback e correção

Diretamente relacionados com a avaliação estão os procedimentos de resposta do professor às produções dos estudantes e as recomendações de novas tarefas para o aluno com base nesses procedimentos. Costumeiramente empregamos o termo "correção" em referência às observações avaliativas acerca de textos (orais e escritos), mas há muitos procedimentos diferentes sob esse guarda-chuva, alguns deles a serviço da aprendizagem, e outros nem tanto.

Primeiro, é importante ter claro que a aprendizagem não está necessariamente relacionada a procedimentos de correção em si. Também pode ser útil ter em conta que o rótulo "correção" pode dizer respeito a fenômenos de ordem bastante diversa. Corrigir outra pessoa, ao apontar diretamente o erro e ao mesmo tempo a forma considerada correta, é uma ação bem menos comum na vida cotidiana do que em muitos cenários escolares, em especial na sala de aula. Nos estudos da aquisição da linguagem, essa ação de corrigir (tecnicamente referida como evidência negativa), parece ter pouco efeito em termos de avanços no desenvolvimento linguístico da criança. Em estudos sobre ensino e aprendizagem entre pessoas que se tratam como igualmente capazes e responsáveis, como médicos mais e menos experientes, professor e residente, em programas de educação médica em residência, por exemplo, a ação é bastante rara.

Haverá, sem dúvida, momentos de que você pode lembrar quando uma correção feita por alguém foi marcante e desencadeou uma aprendizagem. E também momentos marcantes por serem de desconforto. Como geralmente lembramos muito de momentos marcantes, facilmente deixamos de destacar o que acontece cotidianamente em muitos pequenos episódios em atividades e rotinas que nos proporcionam momentos de aprendizagem. E essas ações comuns e talvez bem mais tranquilas, se lembrarmos bem, provavelmente envolvem oportunidades para a prática, para revisões, para a observação, para novas práticas com colegas e pessoas mais experientes. Nesse sentido é que gostaríamos de insistir que a correção sem o encaminhamento de novas oportunidades de prática pode ser pouco eficaz para promover a aprendizagem.

De fato, na interação cotidiana, ao corrigir o outro, quem corrige se autoriza unilateralmente como mais conhecedor do que o interlocutor. Nessas ocasiões, é comum então que a pessoa corrigida resista à correção e contradiga o interlocutor, desencadeando-se assim sequências de discordância e até mesmo bate-boca. Isso tudo nos serve de alerta para que tenhamos cautela ao corrigir um interlocutor diretamente.

Entretanto, há também ações mediante as quais podemos mostrar ao interlocutor que consideramos mais adequadas outras informações, formas de expressão ou modos de fazer. Há ainda meios para indicar a necessidade de que o interlocutor/aprendiz atente para algum problema dessa ordem, criando assim modelos de correção ou oportunidades de prática rumo ao que consideramos mais adequado ou correto. E há também, como vimos sugerindo por toda a extensão deste volume, situações em que a posição do educando em interlocuções significativas fará com que o próprio aprendiz procure estar atento para a sua produção e busque ele mesmo outras informações, formas de expressão ou modos de fazer mais adequados.

Como qualquer um que se importe com o que está acontecendo, também o aprendiz busca calibrar escolhas e objetivos de acordo com os efeitos que deseja causar pela sua produção. E, por prezar o que está fazendo, em atividades significativas pelas quais se responsabiliza coletivamente, ele pode desenvolver a atenção necessária para monitorar a própria produção. Tendo colegas e professor à volta na sua comunidade de aprendizagem reagindo às suas produções de maneira constante, ele pode pedir ajuda a fim de compreender o que não está bem, obter informações, formas de expressão ou modos de fazer adequados para dar conta do recado. Tendo interlocutores externos para a sua produção, ele poderá mais uma vez ver os efeitos que elas causam e assim ter novas razões para incorporar o que aprendeu ao seu repertório e buscar novas maneiras de se aprimorar.

É importante lembrar também que, na perspectiva de uma prática pedagógica pautada pelos gêneros do discurso proposta aqui, as tarefas de uso da língua inglesa buscam deixar expresso que há sempre um alguém se dirigindo a algum interlocutor (para quem), com certos propósitos e em dadas situações. Isso quer dizer que qualquer inadequação de informação, de formato, de uso de vocabulário, de estrutura linguística ou de ortografia será avaliada conforme a situação proposta. Portanto, a construção de enunciados sem sujeito para comentários de fotos no Flickr, como em "*love this picture!*", ou de legendas de fotos sem o uso do "*verb to be*" e "*articles*", como em "*Boys fishing in polluted river*", estarão corretas na situação de interlocução proposta. Se queremos praticar e avaliar a exigência do uso do sujeito, do verbo e do artigo, então precisaremos prever a produção de enunciados em interlocuções nas quais a presença desses elementos faça parte indispensável do que é esperado, por exemplo, na escrita de legendas de um diálogo em um filme, em que essas estruturas são de fato ditas. Em outras palavras, a definição do que está inadequado depende das condições de produção do texto, das ações de correção que vamos iniciar e das reformulações e reescritas que vamos solicitar.

Decidir sobre o que é um erro, ou seja, algo que precisa ser revisado e corrigido, depende, portanto, do que é pretendido e esperado pelos participantes em cada interação social da qual participam e para a qual vão levar as expectativas construídas ao longo da história (confira a explicação sobre gênero do discurso no capítulo anterior). Por exemplo, se uma apresentação em PowerPoint apresenta informações confusas e mal distribuídas nas lâminas, isso entrará em choque com as expectativas que temos e poderá atrapalhar a apresentação oral a ser feita: é útil, portanto, pensar nas informações selecionadas, na sua organização e distribuição nas lâminas, em questões ortográficas e em recursos gráficos e imagéticos que poderão tornar a apresentação mais eficiente. Já num anúncio publicitário, por exemplo, a distribuição da informação poderá ser completamente diferente, buscando chamar a atenção do leitor para algumas informações (características do produto) e não outras (preço).

Apresentações preliminares da exposição em PowerPoint para treinar entre os colegas ou a circulação do piloto do anúncio para comentário por potenciais interlocutores são atividades que podem suscitar inúmeros momentos de correção. Na discussão em seguida da apresentação, por exemplo, podem surgir reações na forma de perguntas ou dúvidas de colegas sobre certos pontos a respeito dos quais o apresentador considera já ter sido muito claro, e assim descobre que não. É possível que ele próprio busque revisar seu texto para a apresentação seguinte a fim de evitar essas dificuldades indesejáveis. Situações assim geram autocorreção e pedidos de ajuda para melhorar a produção. Esses são momentos de aprendizagem por excelência.

Contudo, a sala de aula é historicamente o espaço para conhecer o que é correto, e onde muitas vezes a correção precisaria ser feita para "pôr as coisas e as pessoas nos seus devidos lugares". Há assim uma certeza insuspeitada de relação forte e direta entre correção e aprendizagem. Seguindo essa percepção, o professor deveria mostrar aos alunos o que eles têm que melhorar, e isso justificaria muitas vezes procedimentos exagerados de oportunidades para corrigir porque seriam oportunidades para ensinar (mesmo quando não se quer aprender). Momentos assim, e isso talvez seja difícil de reconhecer, não estão numa relação de causa e efeito com a vontade de investir na aprendizagem, condição primeira para aprender. Nas interações orais espontâneas sobre temas e questões com os quais os participantes se envolvem substancialmente, em geral o bom senso se instaura, porque sentimos que não é possível, é pouco eficiente e constrangedor parar o fluxo das ações, intervir e apontar o erro para fornecer a forma correta a cada palavra pronunciada de maneira diferente do esperado, a cada regra gramatical desrepeitada. Descobrimos assim que podemos, em vez de parar o fluxo, usar o nosso próximo turno de fala para encaixar uma correção, produzindo evidência positiva ao confirmarmos nosso entendimento usando as formas que consideramos mais corretas, e seguir adiante.

Já diante de textos escritos por nossos alunos, a caneta na mão muitas vezes nos faz agir como se fôssemos revisores finais de textos para publicação profissional. Isso compromete a capacidade de agirmos na qualidade de educadores da linguagem, que precisam atentar para os propósitos e interlocutores em foco, para então decidir sobre a necessidade de recomendar ajustes. Também pode nos parecer, talvez pelas amarras da nossa própria experiência como estudantes, que, se não houver a marcação expressa de erros, o aluno nunca chegará à aprendizagem. Contudo, atentando para o modo como as pessoas fazem coisas umas com as outras usando a linguagem, podemos ter outros pontos de referência. Na prática social, quer seja no caso de textos orais ou de textos escritos, se o que for produzido causar problemas de entendimento ou reações indesejáveis, esses reparos vão se tornar necessários. Quando estamos realmente focados no sentido e nas ações realizadas mediante o uso da linguagem, esses reparos serão feitos, porque sem eles não será possível seguir adiante rumo ao que queremos executar. Note-se que não estamos com isso dizendo que, "se deu para entender, tudo bem". Muitas vezes os reparos serão feitos porque, sem eles, não vamos conseguir aparecer "bem na foto".

Em síntese, revisões de itens gramaticais ou de pronúncia ou reajustes de escolhas de vocabulário, apresentação de informações, organização do texto, etc. dependem da interlocução, do propósito e das expectativas relacionadas àquele gênero do discurso. Sugerimos, portanto, que correções e solicitações de reescrita ou nova prática oral sejam decididas mediante um acordo com os alunos para selecionar o que é relevante para o momento de aprendizagem em que se encontram, a partir dos seguintes critérios:

→ foco pedagógico (erros relacionados com o foco de ensino no momento em contraste com erros relacionados a conteúdos ainda não ensinados);

→ generalidade da regra (regras de fácil generalização em contraste com exceções);

→ foco da atividade (foco na correção em contraste com foco na fluência);

→ frequência (erros muito frequentes em contraste com erros pouco frequentes);

→ número de alunos envolvidos (muitos/poucos alunos cometem o mesmo erro);

→ nível de proficiência (alunos iniciantes em contraste com alunos de nível intermediário ou avançado);

→ estigmatização (variedades estigmatizadas).

Se, na ocasião, o nosso foco está mesmo em tomar a oportunidade para ensinar, uma correção pode ter maiores chances de ser significativa se, por exemplo, tratar de uma questão da pauta pedagógica naquele momento, algo que é fácil de explicar e que está sendo visto na atividade em andamento. Se são erros frequentes ou que envolvem vários alunos, vale mais a pena chamar a atenção e mais adiante oferecer novas oportunidades de prática. É nesses momentos que, por exemplo, exercícios mais mecânicos (repetição, preenchimento de lacunas) podem ajudar o aluno a memorizar determinadas expressões ou regras para tornar o seu uso mais automático (e para isso os livros didáticos padronizados podem ser muito úteis). Outro critério diz respeito ao nível de proficiência dos alunos: muito provavelmente, à medida que alcançam níveis de proficiência maiores em determinados usos da língua, menos inadequações haverá e maior a possibilidade de lidar com cada uma delas. De qualquer maneira, é importante discutir essas decisões com os alunos, para que eles entendam o que está sendo focalizado na correção e o que se espera que revisem.

Já o último critério levanta a discussão sobre variedades estigmatizadas e o uso de formas mais ou menos prestigiadas para discriminar quem fala, atribuindo-lhe mais ou menos inteligência, mais ou menos competência em outras áreas, mais ou menos educação, etc. A discriminação linguística deve ser pauta de uma aula de língua, independentemente do nível de ensino – e a atribuição de diferentes valores ao próprio uso da língua inglesa no nosso cotidiano (uso de palavras em inglês em português, nomes próprios e de lojas em inglês, etc.) pode ser o ponto de partida para essa discussão.

DIAGNOSTICAR PARA TOMAR DECISÕES SOBRE COMO FAZER ENSINO E APRENDIZAGEM

Para concluir, cabe retomar as questões discutidas neste capítulo:

→ Como avaliar com a confiança de que os nossos procedimentos
  - incidem sobre o que foi trabalhado e refletem o rendimento dos aprendizes na ampliação de suas possibilidades de participação em espaços de uso da língua adicional?
  - dão os recados certos sobre o que entendemos ser aprendizagem e sucesso na aprendizagem?
  - espelham o que pensamos sobre leitura, escrita, compreensão e produção oral?

→ Como tomar decisões mais fundamentadas sobre os resultados da avaliação?

A discussão que fizemos permite concluir que, para uma avaliação a serviço da aprendizagem, é importante refletir sobre o que temos historicamente repetido nas nossas salas de aula e sobre o que poderíamos mudar. Nesse sentido, a avaliação deve estar subordinada à aprendizagem, a serviço da aprendizagem dos estudantes. Convidamos você a se reunir com os colegas educadores para refletir sobre o que é feito na sua escola, por que é feito dessa maneira e como isso se relaciona com as propostas discutidas aqui. Depois, juntos, levando em conta as condições que vocês conhecem, a interlocução que querem construir e os propósitos educacionais que querem defender, vocês saberão tomar decisões coletivas para ver o que está bom, o que pode melhorar e como podem justificar suas próprias maneiras de fazer ensinar para fazer aprender.

	Como acontece na sua escola?	Práticas de avaliação a serviço da aprendizagem	Não satisfaz? Satisfaz parcialmente? Satisfaz plenamente? Decisões e propostas
O que é avaliado?		**Visão de uso da linguagem:** Uso da língua para fazer coisas na vida e no mundo também em inglês; Os objetivos de ensino são as competências necessárias para realizar essas ações, e isso inclui competências para lidar com textos orais e escritos.	
Como se avalia a proficiência?		**Critérios para a avaliação da proficiência para...:** O projeto e as tarefas pedagógicas definem os critérios de avaliação: cumprir a tarefa significa alcançar a proficiência para... A proficiência é sempre avaliada de acordo com as condições de produção e de recepção (quem fala, com quem, para quê, em que modalidade, etc.).	
Quem avalia?		**Todos os participantes avaliam:** Avaliação dialógica e coletiva, autoavaliação, avaliação pelos colegas, avaliação pelo público-alvo, avaliação pelo professor no papel do interlocutor projetado e conselheiro/participante mais experiente nos espaços de ação em vista.	
Por quê? Para quê?		**Avaliar para tomar decisões sobre o caminho a tomar:** Avaliar para diagnosticar o que deve ser feito para promover aprendizagens; Avaliar para retomar a tarefa e os conteúdos do projeto a fim de avançar na aprendizagem; Avaliar para refletir sobre as metas de aprendizagem e redimensionar os objetivos de ensino, vinculando-os ao contexto e ao que foi construído em conjunto; Avaliar as oportunidades de ensino.	
Para quem?		**Para todos os participantes da comunidade escolar e fora dela (quando necessário):** Avaliar para o aluno, a turma, o professor, os responsáveis, a escola, a comunidade, a sociedade, para: - informar o que foi feito e até onde se chegou; - prestar contas aos responsáveis e à comunidade; - refletir sobre os efeitos retroativos do instrumento de avaliação no ensino e na formação de leitores/escritores.	

	Como acontece na sua escola?	Práticas de avaliação a serviço da aprendizagem	Não satisfaz? Satisfaz parcialmente? Satisfaz plenamente? Decisões e propostas
Com quais tarefas?		**Tarefas de avaliação coerentes com os objetivos de ensino e com o que foi feito em sala de aula:** Avaliar conteúdos relevantes com os objetivos de ensino e com a visão de uso da linguagem; Avaliar conteúdos no mesmo formato em que foram trabalhados em sala de aula.	
Com quais critérios?		**Parâmetros de avaliação que espelham e refratam o que está pressuposto:** Selecionar critérios coerentes com a visão de linguagem e aprendizagem e com as práticas de ensino.	
Quem conhece os critérios?		**Contrato entre professor e alunos:** Decidir em conjunto sobre metas de aprendizagem, objetivos de ensino, aspectos a serem avaliados (critérios) e o que define que os objetivos foram atingidos, parcialmente atingidos ou não atingidos (descritores de níveis de proficiência).	
Com que frequência?		**Diferentes e variados momentos de avaliação:** Criar oportunidades para garantir a compreensão e a reformulação de critérios e de descritores, ajustando-os a diferentes situações de uso da linguagem, levando em conta a interlocução e o propósito proposto.	
O que corrigir? O que fazer a partir da correção?		**Selecionar o que corrigir:** Selecionar o que corrigir de acordo com critérios combinados; Assinalar o que será praticado novamente ou o que deverá ser levado em conta nas novas práticas (reescrita e prática oral).	
Como divulgar os resultados da avaliação?		**Divulgar para discutir e para informar o que foi feito e como seguir adiante:** Dar *feedback* ao aluno sobre o que ele fez bem e o que ainda há para ser melhorado; Divulgar de diferentes maneiras e usando descritores mais (ou menos) especializados para diferentes interlocutores.	
Relação entre avaliação e uso do conhecimento?		**Não adiamento da aprendizagem:** Avaliar para promover a aprendizagem e o uso do conhecimento aqui-e-agora.	
Sentidos atribuídos à avaliação na escola		**Um ato integrativo e inclusivo para fazer aprendizagem**	

REFERÊNCIAS

BRITTO, Luiz Percival Leme. *A sombra do caos: ensino de língua x tradição gramatical*. Campinas, SP: Mercado de Letras e ALB, 1997.

RIO GRANDE DO SUL, SECRETARIA DE ESTADO DA EDUCAÇÃO, DEPARTAMENTO PEDAGÓGICO. *Referenciais curriculares do Estado do Rio Grande do Sul: linguagens, códigos e suas tecnologias*. Porto Alegre: SE/DP, 2009.

SOARES, Magda. *Português: uma proposta para o letramento*. São Paulo: Moderna, 2002.